www.ingramcontent.com/pod-product-compliance
Lightning Source LLC
Chambersburg PA
CBHW031952170526
45157CB00002B/462

عمر الأمــين

تصميم مواقع انترنت
HTML, XHTML & CSS

القمرية للنشر الحر

الطبعة الأولى

2012 م – 1434 هـ

ISBN 978-1-291-74351-7

قديما قال القمريون: يولد الولد من واحدة، لكن كثيرون هم من يشاركون في تربيته

فإلى كل من ساهم في تربيتي وتهذيبي...................أهدي هذا الكتاب

شكر خاص

إلى مصدر قوتي ومنبع طاقتي وسر سعادتي.... إخوتي

أحبكم حبا لو مر على أرض قاحلة...

لتفجرت منها ينابيع المحبة.

أساسيات لغة XHTML

تصميم صفحة ويب أساسية

1 تمهيد

1.1 مواقع الانترنت وكيفية عملها

كيف تعمل موقع الويب ؟ حسنا، إذا كنت مهتما بكيفية تصميم مواقع الويب فحتما أنك متمكن من استخدام انترنت. دعني أحزر أول ما تقوم به بعد تشغيل حاسوبك: تقوم بفتح متصفح الويب ومن ثم تذهب إلى موقع فيسبوك، هل أنا محق ؟ دعني أسألك سؤال ماذا يحدث عندما تضع www.Facebook.com على المتصفح ثم تضغط زر الادخال (Enter) ؟ يقوم المتصفح بفتح موقع فيسبوك، ممتاز جوابك حتى الآن، صحيح مئة في المئة لكن إذا كنت تريد أن تصبح مصمم مواقع ويب فيجب أن يكون جوابك أكثر دقة من ذلك، أعني يجب أن تعرف بالتفصيل ما يحدث بالفعل من الناحية الفنية، لكن لا تقلق سأقدم لك الجواب على طبق من ذهب لكن قبل ذلك دعنا نعرف أولا ما هو موقع الويب ؟

عرفت موقع ويكيبيديا موقع الويب أنه: « مجموعة صفحات ويب مرتبطة ببعضها البعض ومخزنة على نفس الخادم ».

هل تتذكر خطوات دخولك على فيسبوك ؟ أولا تقوم بإخال اسم فيسبوك على المتصفح فتظهر لك الصفحة الأولى، تقوم بعدها بإدخال بياناتك، فتنتقل مباشرة إلى داخل حسابك ومن ثم يمكنك مشاهدة الرسائل الجديدة أو زيارة صفحات أصدقائك، أو البحث عن أصدقاء جدد، يعني وأنت في صفحة يمكنك الانتقال إلى احدى الصفحات المرتبطة بالصفحة التي أنت فيها، هذا هو المعنى المراد بـ : « مجموعة صفحات ويب مرتبطة ببعضها البعض » أما « مخزنة على نفس الخادم » فالخادم هو حاسوب مثل حاسوبك تماما يتميز بسرعته الفائقة وكونه متصل بأنترنت 24/24 ساعة وعلى مدار السنة دون انقطاع. تصور ينقطع حواسيب (خوادم) فيسبوك نصف ساعة يعني ملايين البشر ينقطعون عن العالم لمدة نصف ساعة.

والآن بعد أن عرفت أن موقع الويب ما هي إلا صفحات مخزنات في حاسوب متصل بأنترنت، فكيف يتعرف المتصفح على الحاسوب الذي يخزن الموقع المراد زيارته من بين ملايين الحواسيب المتصلة بأنترنت ؟

إلى من كان آخر مكالمة هاتفية أجريتها ؟ لماذا عندما تهاتف أحمد لا يذهب المكالمة إلى محمود ؟ حتما جوابك هي: لأني طلبت رقم أحمد وليس محمود. حسنا، كما أن لكل هاتف رقم خاص يميزه عن ملايين الهواتف في العالم فإن لكل حاسوب رقم خاص يميزه عن ملايين الحواسيب تسمى هذا الرقم بعنوان آي بي Internet Protocol) .ip أو بروتوكول الإنترنت) وتكون بالنسبة للحواسيب على الشكل التالي: 69,171,229,11 لكن لما كان من الصعب حفظ هذه الأرقام تم اختراع اسماء النطاقات حيث ترتبط كل اسم مع آي بي فمثلا الآي بي السابقة هي خاص بالنطاق : www.facebook.comيعني عندما تكتب www.facebook.com على المتصفح فأنت تقوم بطلب الحاسوب الذي يحمل المعرف 69,171,229,11.

في الحقيقة يمتلك كل جهاز رقمي (حاسوب، هاتف محمول، آلة طابعة) معرف رقمي خاص به هو الآي بي يستخدم هذا المعرف للتواصل بين الأجهزة الرقمية سواء للإرسال أو الاستقبال فمثلا عندما تطلب من الحاسوب طباعة شيء ما فإن الحاسوب تقوم عبر المعرف الخاص به بإرسال البيانات إلى الطابعة التي تستقبل البيانات عن طريق معرفها الخاص. هنا يلعب معرف الحاسوب دور المرسل بينما يلعب معرف الطابعة دور المستقبل، لكن بعد الطباعة يصبح الأمر بالعكس حيث يقوم الطابعة بإرسال نتيجة أمر الطباعة بالإيجاب (نجاح الطباعة) أو السلب (فشل الطباعة) فتكون بهذا هي المرسلة والحاسوب هو المستقبل.

يمكن تطبيق هذا المثال مع أي تواصل يحصل بين جهازين رقميين سواء من نفس النوع (حاسوب مع حاسوب، أو هاتف مع هاتف) أو مختلفي النوع (حاسوب مع طباعة، أو حاسوب مع هاتف محمول)، ما يهمنا في كل هذا هو التواصل الذي يحدث بين حاسوبين فعندما يقوم أحدهم بإدخال عنوان موقع معين على المتصفح فهذا يعني طلب تواصل جهازه مع الجهاز الذي يخزن الموقع.

نسمي الحاسوب الذي يستخدمه الزائر مستخدم بينما نسمي الحاسوب الذي يخزن الموقع خادم، والشكل التالي يبين كيفية التواصل بينهما:

١: ارسال طلب صفحة ويب
٢: ارسال الصفحة المطلوبة
الخادم
المستخدم
الزائر

الخطوة الأولى يقوم الزائر بكتابة اسم الموقع على المتصفح فيقوم متصفح المستخدم بإرسال الطلب إلى الخادم

أما في الخطوة الثانية فيقوم الخادم بانتقاء الصفحة المطلوبة من بين صفحات الموقع ثم يرسلها إلى الزئر.

باختصار كلما نقر الزائر على احدى الروابط بالموقع يقوم الجهاز المستخدم بإرسال طلب إلى الجهاز الخادم الذي يقوم هو بدوره بإرسال الصفحة المطلوبة إلى المستخدم أو إرسال خطأ عند عدم العثور على الصفحة المطلوبة.(خطأ 404)

1.2 لغات تصميم المواقع

بما أننا قلنا أن الخادم يخزن صفحات ويب فما هي هذه الصفحات وما ماهيتها ؟

صفحة الويب هو ناتج كل صفحة مكتوبة بلغة xhtml وCSS ، اللغتين الأساسيتين في تصميم أي موقع ويب. ويجدر الاشارة أن هناك الكثير من لغات البرمجة التي يستخدمها المبرمجون لبرمجة مواقع الويب لكن مهما كانت اللغة المستخدمة في برمجة أي موقع فالشكل النهائي للصفحة يتحكم بها هاتين اللغتين.

- Xhtml هي اختصار لـ eXtensible HyperText Markup Language وترجمها ويكيبيديا بـ « لغة رقم النص الفائق القابلة للتمديد » وهو امتداد للغة html بعد أن تم إضافة مميزات تركيبية لغةxml. ويعتبر xhtml اللغة الأساسية في تصميم مواقع الويب فبهذه اللغة يتم فرز وتعريف جميع محتويات موقع الويب، ومن الممكن تصميم موقع كامل باستخدام هذه اللغة فقط وبالطبع هذا نادر جدا.

- CSS هي اختصار لـCascading Style Sheets وترجمها ويكيبيديا بـ « صفحات الطرز المتراصة » بينما يطلق عليها غالبية المصممين بـ « صفحات الأنماط الانسيابية » وأنا أفضل هذا الأخير لدلالتها الواضحة، ومهما يكن اسمها، ما يهمنا هو معرفة أنها تستخدم لتنسيق شكل ونمط ظهور محتوى الصفحة، كاللون الذي يجب أن يظهر عليه النص أو الحجم.

ربما يربكك قولي أنك تحتاج إلى هاتين اللغتين لتصميم موقع ويب لكن لا تخف فالأمر في غاية السهولة كل ما عليك معرفته الآن هو أن الواقع العملي يقتضي استخدام xhtml لإضافة عناصر الصفحة و CSS لتنسيق نمط ظهور هذه العناصر، يعني هدف استخدام هاتين اللغتين هو الفصل بين المضمون والشكل، و لتوضيح الفكرة انظر إلى الأشكال التالية.

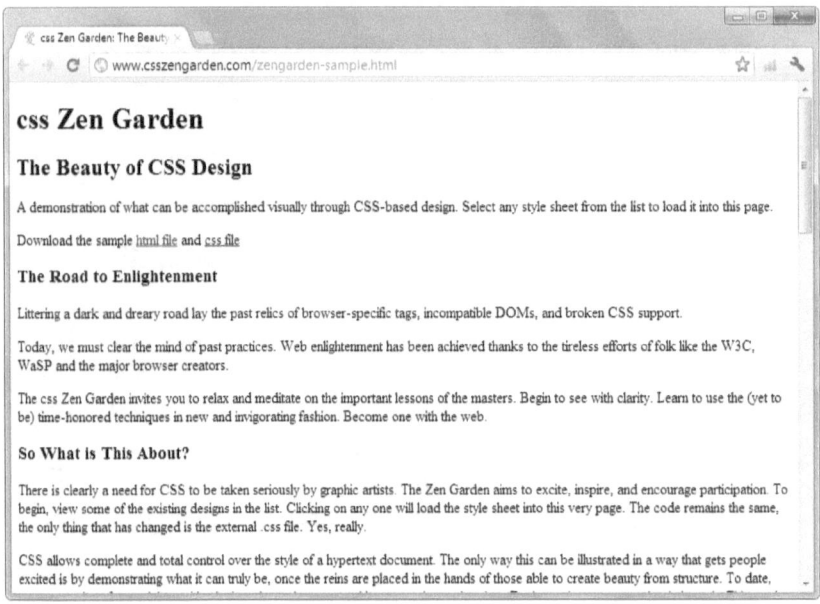

الشكل 1-1: هذه صفحة وب باستخدام لغة xhtm وحدها

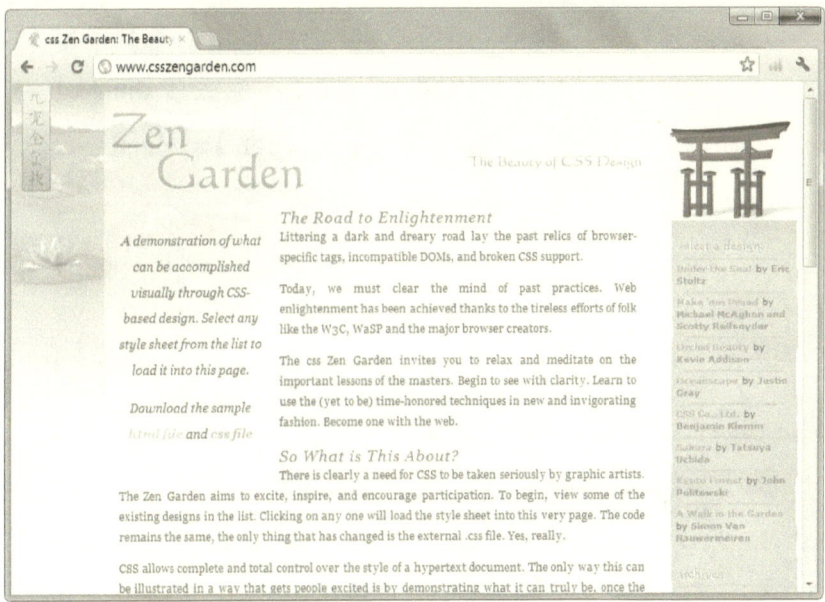

الشكل 2-1: هذه نفس الصفحة بعد تعديل شكل ظهور المحتوى باستخدام CSS

الشكل 3-1: وأخيرا هذه نفس الصفحة السابقة لكن مع تعديلات CSS أخرى.

كما هو ملاحظ في الأشكال الثلاثة السابقة يمكننا بواسطة CSS تعديل شكل ظهور صفحة مكتوبة بلغة xhtml كما نشاء بل ويمكننا بواسطة CSS توفير أشكال خارجي مختلفة مع الاحتفاظ بنفس عناصر xhtml ونترك للزائر حرية اختيار الشكل الذي يعجبه أكثر.

1.3 الأدوات اللازمة

1.3.1 متصفح ويب

متصفح الويب هو البرنامج المستخدم لاستعراض مواقع الويب، كإنترنت إكسبلورر و موزيلا فَيَرْفُكْس على سبيل المثال. والمتصفحات هي كغيرها من البرامج تختلف عن بعضها البعض في كيفية عملها، ويتميز متصفح عن آخر في جملة من الخصائص منها الأداء والسرعة والوظائف والمهام، لذا فالمستخدم يجب أن يتحلى بشيء من الثقافة عن المتصفحات حتى يستطيع اختيار المتصفح الأنسب، أما كمصمم مواقع فالأمر يتعدى ذلك إلى معرفة مدى دعم المتصفحات لآخر التكنولوجيات وخاصة تلك المتعلقة بلغتي تصميم مواقع الويب xhtml و CSS بهدف انشاء موقع قادر على الظهور بشكل ملائم مع جميع المتصفحات أو على الأغلب الأكثر شهرة واستخداما.

نستعرض بشكل سريع في هذه النقطة المتصفحات الأكثر استخداما مع بيان أبرز الميزات لكل منها من ناحية الاستخدام أما الناحية الفنية فستتعرض لها خلال الدروس اللاحقة.

غوغل كروم:

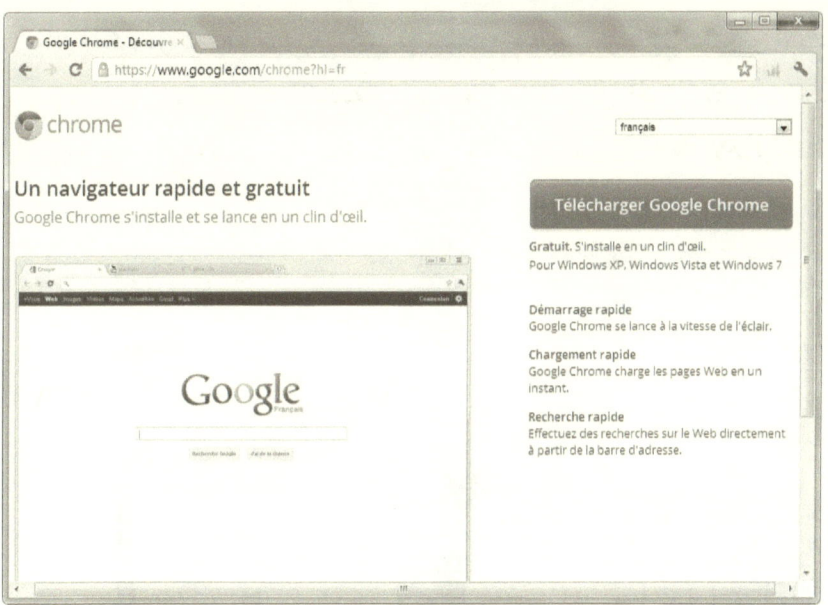

الشكل 1-4

كروم هو متصفح ويب مجاني ومفتوح المصدر من تطوير شركة جوجل، تم صدور الإصدارة التجريبية من البرنامج يوم 7 أكتوبر 2009 وسرعان ما أوجد لنفسه مكانا في سوق المتصفحات وأصبح اليوم ضمن أول ثلاثة متصفحات الأكثر استخداما.

أهم ما يميز كروم هي السرعة الفائقة في تحميل الصفحات لذا ليس من العجب اذ أصبح مفضلا لدى جمهور المستخدمين العاديين الذين يستخدمون انترنت فقط للترفيه أو لأعمال لا تحتاج إلى أكثر من مجرد تحميل بعض الصفحات. إضافة لهذا فهو يلقى قبولا جيدا لدى جمهور مستخدمي خدمات جوجل لتعامله الجيد معها، ومن المتوقع جدا أن يزيد حصة متصفح جوجل كروم في السوق بعد أن تم اطلاق خدمة تحكم الحواسيب عن بعد من خلال المتصفح، وهي خدمة جديدة أطلقها غوغل في 29 مايو 2012.

موزيلا فَيَرْفُكْس:

فَيَرْفُكْس هو متصفح مجاني مفتوح المصدر من تطوير العديد من المبرمجين المتطوعين بتنسيق واشراف من مؤسسة موزيلا. يعتبر فَيَرْفُكْس صانع ثورة المتصفحات وأول منافس لمتصفح انترنت إكسبلورر

من مايكروسوفت. أهم ميزة لـ فَيرْفُكْس هو قابليتها للتخصيص من خلال الكثير من الامتدادات المتوفرة على الموقع الرسمي للمتصفح. وقد حظي فَيرْفُكْس على اعجاب كثير من المصممين والمبرمجين والخبراء بسبب هذه الميزة التي تسمح لهم اضافة العديد من المهام الاضافية الهادفة إلى تسهيل أعمالهم.

الشكل 1-5

انترنت إكسبلورر:

انترنت اكسبلورر هو من تطوير العملاق مايكروسوفت، ويدين شهرتها إلى أنظمة ويندوز فهو يأتي مدمج معها. ما جعل منها المتصفح الأكثر شهرة بلا منازع، لكن بعد الثورة التي أحدثها فَيرْفُكْس وتبعتها جوجل كروم فإن دمج اكسبلورر مع أنظمة ويندوز لم يعد وحدها سياسة كافية لضمان هيمنتها على السوق لذا أصبح مايكروسوفت يهتم أكثر فأكثر بتطوير انترنت اكسبلورر. يأتي أهمية انترنت اكسبلورر بالنسبة للمصمم كونها المتصفح الأكثر استخداما لذا عند تصميم أي موقع فلا بد من الحرص على أن يكون ملائما لها .

أوبرا:

هو متصفح ويب وباقة إنترنت من تطوير شركة برمجيات أوبرا وهو متصفح يمتاز بالسرعة في التصفح والخفة والواجهة الجميلة البسيطة. يحتوي على العديد من الوظائف المهمة كتحميل الملفات عن طريق التورنت، كما يدعم الحواسيب الشخصية والهواتف المحمولة إضافة للعديد من الميزات. يعتبر حصة أوبرا ضعيفة جدا نسبة إلى الوظائف والخدمات التي يقدمها وما أضفاه من ميزات على المتصفحات ككل، لكن بالرغم من هذا فهو يعد من المتصفحات الأكثر شهرة ويمكنني القول أن جمهوره من المتخصصين والخبراء الذين يلمون بميزات هذا المتصفح بشكل كبير.

سفاري :

هو متصفح ويب من إنتاج شركة أبل كمبيوتر والذي تصدره مدمجا مع نظام التشغيل الخاص بها ماك أو إس إكس. يشترك سفاري معظم المتصفحات في الصفات الأساسية كتوفير نظام التبويب مثلا وينفرد بميزة توفير دفتر ينظم بطريقة تشبه الطريقة التي ينظم بها مشغل الموسيقى iTunes الموسيقى كما يأتي معه أيضا مشغل الموسيقى QuickTime. يأتي أهمية سفاري كونها المتصفح المهيمن على أجهزة الماك والوحيد المستخدم على الهواتف الذكية من انتاج شركة أبل.

1.3.2   محرر نصوص

محرر النصوص هو بمثابة البرنامج الذي سنقوم بكتابة الأوامر داخله قبل أن نقوم بحفظها كصفحة ويب. هناك في الوقع الكثير من محررات النصوص بعضها أكثر تطورا من الآخر، وبعضها متخصص لتصميم المواقع وبعضها لا، منها ما هو مجاني ومنها ما هو تجاري ومدفوع الثمن، لكن لحسن حظك نحن سنستخدم محرر نصي مجاني وفي نفس الوقت متطور وله العديد من الميزات المهمة.

قبل أن أدلك على المحرر الذي سنستخدمه نحن، أود أن أنبهك أنه من الممكن استخدام أي محرر نصي من اختيارك حتى ولو كان المفكرة الموجودة على أنظمة ويندوز، وستجدها على المسار التالي:

Start > all programs > accessories > Notepad

Sans titre - Bloc-notes
Fichier Edition Format Affichage ?

الشكل 6-1

المحرر Notepad++

هو محرر نصي حر مفتوح المصدر يدعم العديد من اللغات ويقدم العديد من المزايا أبرزها إبراز تعابير اللغة بألوان مخصصة أو ما يسمى (Syntax Highlighting) باللغة الانكليزية، وتمكن هذه الميزة الجميلة من حسن تنظيم الأوامر وسهولة مراجعتها، ولهذا السبب أنصحك جدا باستخدام هذا المحرر بدلا من المفكرة العادية. يمكنك تحميلها وتنصيبها على جهازك من خلال الرابطة التالية :

http://notepad-plus-plus.org/download/v6.1.3.html

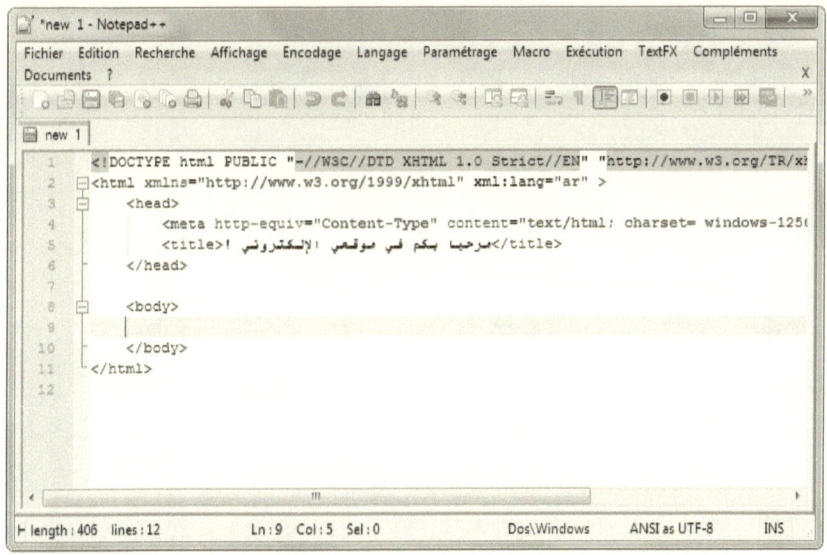

الشكل 1-7

قلنا أن المحرر إنما نستخدمه لكتابة التعليمات البرمجية فكيف نحفظ الناتج كموقع ويب ؟

الأمر سهل جدا لكن يختلف حسب نوع المحرر المستخدم فإن كان محرر المستخدم بسيط جدا مثل المفكرة فعندما نقوم بالحفظ يجب أن نبين أننا نريد الحفظ الملف كصفحة ويب عن طريق بيان امتداد نوع الملف .html أما لو كان المحرر المستخدم مثل نوتباد++ فالأغلب أنها ستوفر قائمة للامتدادات المدعومة من قبل البرنامج عندها نقوم باختيار امداد .html كما هو مبين في الشكلين التاليتين.

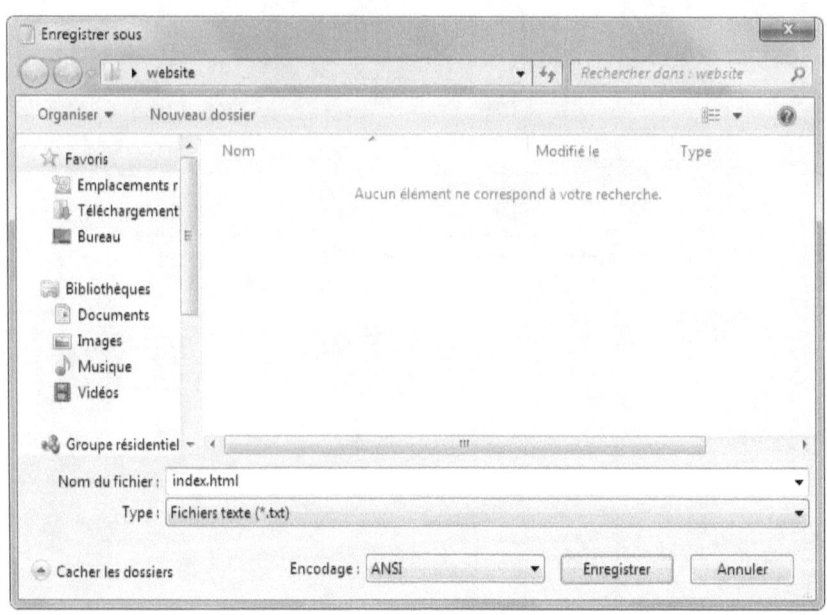

الشكل 1-8: حفظ بواسطة المفكرة البسيطة (ملاحظة في بعض الأنظمة القديمة يجب وضع الاسم

كاملة مع الامتداد بين علامتي تنصيص وإلا تم حفظ كملف نصي عادي Txt)

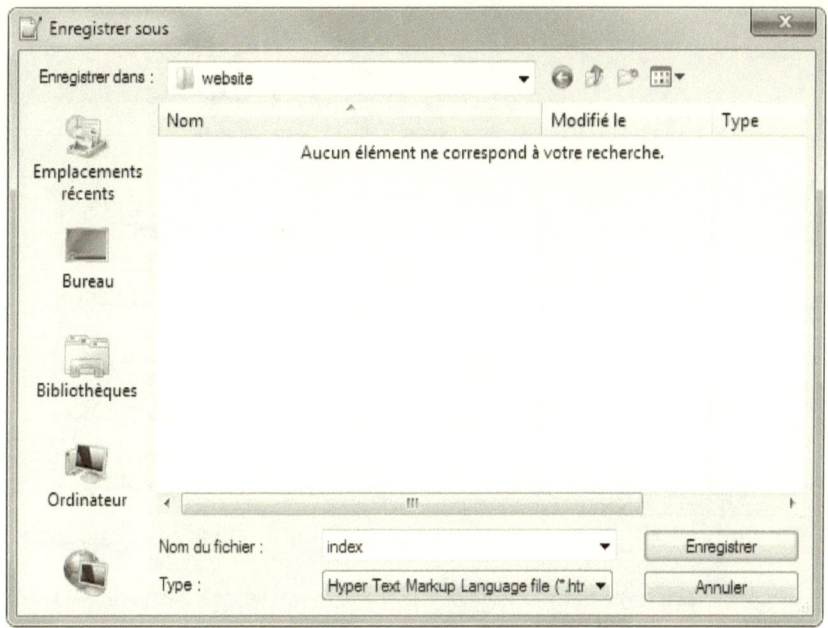

الشكل 1-9

والآن بعد أن تم حفظ الملف يمكنك النقر عليه مرتين وستظهر على المتصفح كأي موقع عادي كما يمكنك النقر عليه بزر اليمين ثم فتحها بواسطة نوتباد++ للتعديل على التعليمات البرمجية.

index

2   صفحتك الأولى

2.1   العناصر والوسوم

لإنشاء صفحة ويب فإننا نحتاج إلى أن نملي للمتصفح ما نريد أن يحتويها صفحتنا كعنوان، فقرة نص أو صورة، هذا ما نطلق عليه بالعناصر فالعنوان عنصر، وفقرة النص عنصر آخر وكذلك الصورة، وهكذا فإن صفحة الويب ستتشكل من عدة عناصر متسلسلة ومتتالية.

أما لإنشاء عنصر فإننا نحتاج إلى تعريف وتحديد نوع العنصر الذي نود إنشائه إذا ما كانت عنوان، فقرة نص أو صورة أو غير ذلك من العناصر، عندها نستخدم ما يسمى "الوسوم" حيث لكل عنصر وسم خاص يعتبر كمعرف له بمجرد أن يقرأه المتصفح يتعرف عليه ويقوم بإظهاره فعلى سبيل المثال: الوسم <h1> هو وسم خاص بالعناوين أما الوسم <p> فهو خاص بإضافة فقرة نص وعلى هذا فعندما يقوم المتصفح بقراءة الوسم <h1> سيظهر محتواه على أنها عنوان بينما يظهر محتوى الوسم <p> على أنها فقرة نص وهكذا مع جميع العناصر التي سنقوم بدراستها لاحقا.

ويجدر الإشارة إلى أن الوسوم هي كلمات محجوزة مسبقا من قبل المبرمج الأول للغة xhtml وغالبا ما ترمز إلى الحرف الأول من اسم العنصر باللغة الإنجليزية فمثلا: الوسم p هو اختصار الكلمة الإنجليزية paragraph والتي تعني فقرة نص.

يبدأ كل وسم بإشارة أصغر من > يليها اسم الوسم وهو h1 في مثالنا السابق ومن ثم إشارة أكبر من < ، كما يلي <h1> :

وللوسوم نوعين هما:

الوسوم المزدوج

هي مجموعة من الوسوم التي تأتي إثنان دائما، أحدهما للدلالة على بداية العنصر (وسم البداية أو الافتتاح) والآخر للدلالة على نهايته (وسم النهاية أو الاغلاق) أما محتوى العنصر فيضاف بينهما كما في المثال التالي:

```
<p> هذا محتوى العنصر بين وسمي البداية و النهاية </p>
```

كما هو ملاحظ في هذا المثال فإن وسم بداية العنصر (`<p>`) يبدأ بإشارة أكبر من `<` وينتهي بإشارة أصغر من `>` كما شرحناه آنفا أما وسم نهاية العنصر (`</p>`) فيختلف عنه على أنه يضاف له شرطة (`/`) بعد إشارة الأصغر من `>` للدلالة على أنه وسم نهاية العنصر.

الوسوم المفردة

هذا النوع من الوسوم عكس الأول تماما حيث تعتبر ذاتية الإغلاق لا تحتاج إلى وسم نهاية إلا أننا نضيف شرطة / قبل إشارة الأكبر من `<` للدلالة على أنه وسم ذاتي الإغلاق والمثال التالي يبين ذلك:

```
<img />
```

2.2 الخصائص

تعرف الخصائص على أنها مجموعة متغيرات تضاف إلى الوسوم للتحكم ببعض الوظائف داخل العنصر. وبعبارة أخرى نتحكم بعنصر ما عن طريق إضافة بعض الخصائص داخل الوسم الخاص بتلك العنصر، والخصائص مثلها مثل الوسوم لها كلمات محجوزة، وبعض تلك الخصائص تختص عملها على بعض الوسوم لكن معظمها مشتركة بين الوسوم المختلفة، أي أنه يمكن اضافة نفس الخاصية لأكثر من وسم.

معظم الوسوم المفردة لا تقوم بعملها إلا بواسطة بعض الخصائص ما يجعل من تلك الخصائص ضرورية وإجبارية أن تقترن مع تلك الوسوم التي لا تعمل بدونها، لكن في نفس الوقت تعد بعض الخصائص اختيارية يقوم المبرمج باختيار ما يريد إضافته على الوسوم وبحسب الحاجة والضرورة.

لنأخذ على سبيل المثال الوسم المفردة الآنف الذكر مع قليل من التعديل:

```
<img src="images/logo.png" title="صورة شعار الموقع"/>
```

نستخدم هذا الوسم لإضافة صورة في الصفحة وذلك عن طريق تحديد مسار الصورة على الحاسوب وإضافته كقيمة للخاصية src وبدون هذه الخاصية لا يمكن من الوسم img أن يعمل وحده وبالتالي فالخاصية src تعد إجبارية بالنسبة للوسم img، والآن نأتي للخاصية title وهي لعنونة الصورة ولو

تم الاستغناء عنها فستظهر الصورة دون أي مشكلة ما يجعل من هذه الخاصية اختيارية، تتوقف إضافتها على رغبة المصمم مادام عدم اضافتها لا تؤثر على ظهور الصورة.

تنبيه: قولنا أن هذه الخاصية تعد اختيارية لا تعني أنها دون فائدة فلو كنا نريد تحسين أرشفة صور موقعنا من قبل محركات البحث أمثال غوغل وبينغ عندها يكون لهذه الخاصية أهمية كبرى.

قد يكون من الصعب عليك استيعاب هذه الفقرة لكن لا بأس فإننا سنتحدث عنها في الفصول التالية كل ما عليك معرفته هو أن الخاصية تشبه ""=src إذ src هو اسم الخاصية أما = فهو لإعطاء قيمة للخاصية والتي تضاف بين علامتي تنصيص وهو في المثال السابق مسار الصورة على الحاسوب image/logo.jpg

وبالمناسبة فإن الخصائص لا تقتصر على الوسوم المفردة فحسب بل يمكن لوسوم مزدوجة أن تأخذ خصائص حسب الحاجة وحينها يتم إضافة الخصائص في وسم البداية فقط أما وسم النهاية فهو ثابت لا يدخل عليه شيء.

2.3 الصيغة المعيارية لصفحة html

أقصد بالبنية المعيارية، الهيكل العام الذي يبنى عليه كل صفحة ويب وهو عبارة عن مجموعة من الوسوم التي تتحكم بالبنية المعيارية العام لكل صفحة ويب ولا يمكن لأي صفحة ويب الخلو منها وإلا اعتبر ذلك خطأ حسب المعايير القياسية العالمية، وإن كان بعض المتصفحات قد يفتح الصفحة بشكل جيد على الرغم من وجود تلك الخطأ، إلا أن هناك عدد لا بأس به من المتصفحات المشهورة قد تؤدي خطأ في البنية المعيارية للصفحة إلى مشاكل في شكل ظهورها.

وعلى العموم تنقسم صفحة الويب حسب البنية المعيارية إلى قسمين أساسيين هما: الرأس والجسم يجمعهما الوسم العام لصفحة ويب كما يلي:

```
<!DOCTYPE html PUBLIC "-//W3C//DTD XHTML 1.0 Strict//EN"
"http://www.w3.org/TR/xhtml1/DTD/xhtml1-strict.dtd">
<html xmlns="http://www.w3.org/1999/xhtml" xml:lang="ar" >
  <head>
    <title> ! مرحبا بكم في موقعي الإلكتروني </title>
```

```
      <meta http-equiv="Content-Type" content="text/html;
charset= windows-1256" />
   </head>
   <body>
   </body>
</html>
```

هذه هي العناصر أو بالأحرى الوسوم الأساسية التي يتشكل منها البنية المعيارية لأي صفحة ويب
وللتبسيط دعنا نعاود كتابة هذه السطور من جديد لكن هذه المرة باعتبار النسخة القديمة لـ html قبل
تطويره ليصبح xhtml.

```
<html>
   <head>
      <title> مرحبا بكم في موقعي الإلكتروني ! </title>
      <meta http-equiv="Content-Type" content="text/html;
charset= windows-1256" />
   </head>
   <body>
   </body>
</html>
```

نلاحظ أن البنية المعيارية متطابق بالنسبة للنسختين، فقط تم زيادة جملة تعريفية على النسخة xhtml
هو أول جملة من المثال الأول:

```
<!DOCTYPE html PUBLIC "-//W3C//DTD XHTML 1.0 Strict//EN"
"http://www.w3.org/TR/xhtml1/DTD/xhtml1-strict.dtd">
```

وكذلك تم زيادة بعض الخصائص على الوسم html :

```
<html xmlns="http://www.w3.org/1999/xhtml" xml:lang="ar" >
```

هذه هي الفروق العام التي تميز بنية النسختين أما عن أوامر التحكم بالمحتوى فبالتأكيد هناك عدد لا
بأس به من الفروق لكننا لن نخوض فيه بل سنكتفي بالحديث عن أوامر xhtml إذ معرفة xhtml
يقتضي مباشرة معرفة html.

والآن لنلقي بالضوء على البنية المعيارية الخاص بصفحة xhtml ونشرح الأمور التالية:

- <!DOCTYPE هذا ليس وسم xhtml حسب المفهوم الذي شرحناه سابقا وهو الوحيد الذي يخالف القواعد آنف الذكر. تستخدم هذه الجملة لتحديد نوعية وثيقة الصفحة* مع بيان النسخة المستخدمة لبناء صفحة الويب وفي حالتنا هذه هو النسخة رقم 1,0.
- <html> هذا هو الوسم الأساسي الذي يحيط بكامل صفحة الويب لهذا - كما تلاحظ - لا نغلقه إلا آخر الصفحة بحيث لا يوجد أي شيئ بعد وسم الإغلاق </html> ولهذا الوسم خاصيتين يتم إضافتها داخل وسم البداية وهما:
    - xmlns نضيف هذه الخاصية على الوسم html لبيان موقع الهيئة التي تختص بتطوير لغة xhtml
    - xml:lang أما هذه الخاصية فهي خاصة بذكر اللغة التي سنكتب بها نصوصنا وهي في مثالنا ar أي عربي Arabic وفي حال كان الموقع باللغة الإنكليزية نكتب en أو بالفرنسية fr حيث نرمز للغة بأول حرفين من اسمه حسب اللفظ الإنكليزي
- <head> هذا وسم رأس الصفحة حيث يحتوي على مجموع من الأوامر التي تهدف إلى التحكم بالموقع لكنها لا تظهر أبدا مع محتوى الصفحة ويتم إغلاقها بوسم الإغلاق </head>فور الانتهاء من وضع تلك الأوامر وأهم تلك الأوامر هي:
    - <title> وسم عنوان الصفحة التي تظهر على الشريط كما في الشكل التالي:

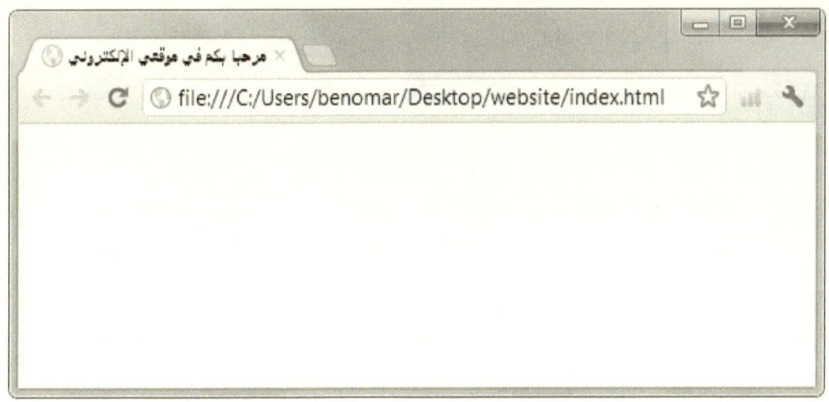

الشكل 2-1

فكرة: من الضروري جدا تحديد هذا العنوان إذا أردنا انتشار موقعنا على محركات البحث، فعند البحث عن أي موقع على أحد محركات البحث ولتكن مثلا جوجل مثلا (google.com) فالعنوان تساعد بشكل كبير على إيجاد محرك البحث لموقعنا وإظهارها مع النتائج الأولى كما أن العنوان يظهر في نتائج البحث كعنوان للرابطة كما يبينها الشكل التالي:

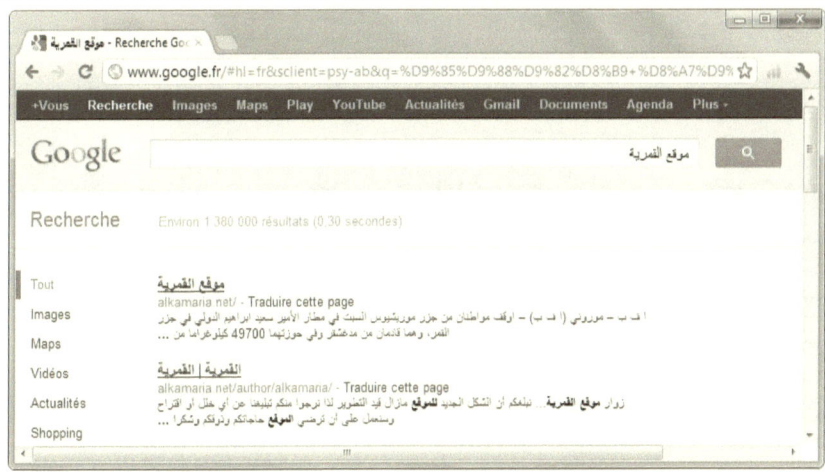

الشكل 2-2: ظهور العنوان في جوجل عند البحث عن موقع القمرية

<meta> هناك الكثير من نوع هذه الوسوم الذي تبدأ بـ meta لكنها ليست شديدة الأهمية لهذا ستتحدث عنها لاحقا كل ما عليك معرفته الآن هو ما وضعناه في هذا المثال إذ هو الوحيد الضروري جدا حيث يتحكم بما يسمى الشيفرة الموحدة (Unicode) وهي مجموعة رموز تستخدم لتمثيل الرموز والحروف التي تتكون منها معظم لغات العالم وبالنسبة للغة العربية نستعمل windows- 1256.

ملاحظة معظم المصممين يطلقون على الشيفرة الموحدة باسم الترميز لذا أرجوا أن لا تتفاجأ إذا سمعت أحدا يذكرها بهذا الاسم، ولا بد أن تعلم أيضا أن استعمال الترميز الخاص باللغة العربية لا يعني عدم امكانية كتابة نصوص أجنبية، إذ فقط بعض الحروف الخاصة هي التي لن تظهر كالأحرف الفرنسية é à ê.

• وأخيرا بعد إغلاق رأس الصفحة <head/> نأتي للوسم <body> الذي يشكل الجسم وقلب صفحة الويب، 99% من العمل يتم بين <body> و <body/> وأي شيء نريده أن يظهر كمحتوى يتم كتابته بين هاتين الوسمتين.

وفي النهاية لا تنسى أنه من الواجب إغلاق <html/> حتى نخبر المتصفح أن صفحتنا قد انتهت.

2.4   التعليقات والملاحظات

أحيانا وأنت تكتب أوامر صفحتك فقد ترغب في وضع بعض التعليقات لشرح سبب وضع أمر ما في مكان ما، حتى لا تتعب عند مراجعة المصدر للتعديل، أو حتى وأنت تكتب أوامر صفحتك قد يراودك فكرة تريد تطبيقها في موقعك، فحتى لا تنسى تلك الفكرة يمكنك أن تأخذ قلم وتكتبها لكن سيكلفك ذلك بعض الوقت لاسيما أن وقت المصمم دائما محدود، وللتخلص من تلك المشكلة فإن xhtml يوفر أسلوب سهلة لإضافة تعليقات لن تظهر للزائر عند فتح الموقع على المتصفح وإنما ستظهر للمصمم داخل المصدر.

لإضافة تعليق نعمل كما يلي:

<!-- هنا نقوم بكتابة التعليق ويمكن أن تكون أكثر من سطر -->

3 معالجة النصوص

3.1 العناوين

بالطبع مع كل نصوصنا التي سنضيفها لمحتوى الصفحة فإننا سنحتاج دائما إلى استخدام عناوين سيختلف كل عنوان حسب مكانته من النص فتارة قد يكون عنوان أساسي لكامل النص وأحيانا عنوان لمجموعة فقرات أو حتى عنوان لفقرة بحد ذاته.

يتوفر في لغة xhtml مجموعة من العناوين تتمثل في 6 مستويات تندرج كلها ضمن وسم العنوان المسمى h التي تقترن بإحدى الأرقام من 1 إلى 6 حسب رغبة المصمم وتختلف هذه العناوين في أحجامها بدء من الأكبر حجما h1 هبوطا إلى الأصغر h6 كما هو في المثال التالي:

```
<!DOCTYPE html PUBLIC "-//W3C//DTD XHTML 1.0 Strict//EN"
"http://www.w3.org/TR/xhtml1/DTD/xhtml1-strict.dtd">
<html xmlns="http://www.w3.org/1999/xhtml" xml:lang="ar" >
  <head>
    <title> مرحبا بكم في موقعي الإلكتروني ! </title>
    <meta http-equiv="Content-Type" content="text/html;
charset=windows-1256" />
  </head>
  <body>
    <h1> هذا العنوان 1 </h1>
    <h2> هذا العنوان 2 </h2>
    <h3> هذا العنوان 3 </h3>
    <h4> هذا العنوان 4 </h4>
    <h5> هذا العنوان 5 </h5>
    <h6> هذا العنوان 6 </h6>
  </body>
</html>
```

نتيجة هذا المثال على المتصفح:

الشكل 3-1: نتيجة وسوم العناوين من h1 إلى h6

3.2   الفقرات

يستحوذ فقرات النصوص على معظم محتوى الموقع لذا فهو أهم عنصر عند تصميم صفحة ويب،
ولإضافة نص نستخدم الوسم p الذي يعني فقرة باللغة الإنكليزية paragraph ونفعل ذلك كما
يلي:

```
<p> نص الفقرة يكون بالداخل </p>
```

- وسم الافتتاح <p> يدل على بداية الفقرة.

- ووسم الإغلاق <p/> يدل عل نهاية الفقرة.

مثال:

```
<body>
```

```
<p>جامعة الدول العربية هي منظمة تضم دولاً في الشرق الأوسط وأفريقيا ويعتبر أعضاؤها
دولاً عربية. </p>
</body>
```

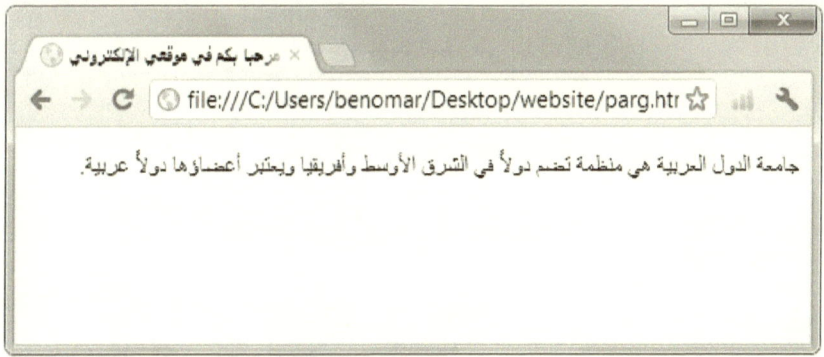

الشكل 3-2: نتيجة إضافة فقرة نص

إضافة أكثر من فقرة:

بالطبع ستحتاج في موقعك إلى أكثر من فقرة واحدة لكن لا تقلق لإضافة فقرة جديدة نستخدم نفس الوسم السابق بنفس الأسلوب السابق تماما فقط نخير النص ونضع النص الجديد ولاشك أننا نضع الفقرات تحت بعضها البعض حيث الفقرة الأول تظهر أولا ثم التي تليها ثم التي تليها وهكذا يمكنك إضافة فقرات إلى ما لانهاية.

```
<body>
  <p>الفقرة الأولى...  </p>
  <p>الفقرة الثانية...  </p>
  <p>الفقرة الثالثة...  </p>
</body>
```

إذا قمت بتجربة المثال السابق على المتصفح فإنك ستلاحظ وجود مساحة فارغة بقدر السطر بين كل فقرتين. ذاك سطر فارغ يتم إضافتها تلقائيا للتميز بين الفقرات لكن يجب الانتباه إذ سرعان ما يميل بعض الأشخاص إلى استخدام فقرتن فقط لمجرد أنهم يريدون الانتقال إلى السطر التالي وهذا خطأ جدا ولتجنب ذلك ما عليك سوى مواصلة القراءة.

الإنتقال إلى أول السطر

لعلك سبقت واستخدمت برنامج الوورد أو أي محرر نصوص آخر، فعندما نضغط على زر الإدخال enter فإن النص ينتقل مباشرة إلى أول السطر الذي يليه سواء كمل السطر السابق أم لا، أما في تصميم صفحات الويب فإن الأمر لا يتم بهذا النحو ففي المثال التالي:

```
<body>
    <p> المقر الدائم لجامعة الدول العربية يقع في القاهرة، عاصمة مصر
أما في السابق فكان في تونس من 1979 إلى 1990
    </p>
</body>
```

نرى جيدا في هذا المثال أن النص يظهر في سطرين اثنين لكن عند التطبيق على المتصفح فإنه لن يظهر بهذا الشكل وإنما سيظهر جملة كاملة في سطر واحد ولن ينتقل إلى السطر التالي إلا بعد امتلاء عرض حجم الشاشة.

يبدو أن المشكلة قد اتضح فما الحل إذا؟

الحل في غاية البساطة فـ xhtml توفر لنا وسم صغير ذاتي الإغلاق وظيفته هو الانتقال بالنص إلى أول السطر: وهو
 وتشير « br » إلى أول حرفين في الكلمة الإنكليزية « break » التي تعني باللغة العربية « القطع » أي اقطع السطر الحالي وابدأ الكتابة في سطر جديد تحته مباشرة، ويكون استخدامه كما يلي.

```
<body>
    <p> المقر الدائم لجامعة الدول العربية يقع في القاهرة، عاصمة مصر <br /> أما في السابق
فكان في تونس من 1979 إلى 1990
    </p>
</body>
```

عند تجربة هذا المثال على المتصفح فسيبدأ النص من السطر الأول لكن ما أن يصل إلى الوسم
 حتى ينتقل مباشرة للظهور أول السطر الثاني دون مراعاة مساحة السطر الذي يسبق الوسم <br />.

*ملاحظة: يمكن استخدام أكثر من وسم
 في الفقرة الواحدة كما يمكن وضع أكثر من وسم
 أمام بعضها البعض للانتقال عدة سطور تحت النص حيث يمثل كل وسم
 انتقال سطر واحد كما هو مبين في المثال التالي.*

```
<body>
   <h2> من وظائف الجامعة العربية </h2>
   <p> تسهل الجامعة العربية إجراء برامج سياسية واقتصادية وثقافية وعلمية واجتماعية <br/>
لتنمية مصالح العالم العربي من خلال مؤسساتٍ مثل مؤسسة جامعة الدول العربية للتربية <br/>
والثقافة والعلوم (أليسكو) ومجلس الوحدة الاقتصادية العربية.
   </p>
   <p>وقد كانت الجامعة العربية بمثابة منتدىً لتنسيق المواقف السياسية للدول الأعضاء <br />
وللتداول ومناقشة المسائل التي تثير الهم المشترك ولتسوية بعض المنازعات العربية والحد <br />
من صراعاتها، كصراع أزمة لبنان عام 1958. كما مثلت الجامعة منصةً لصياغة وإبرام <br />
العديد من الوثائق التاريخية لتعزيز التكامل الاقتصادي بين بلدان الجامعة. أحد أمثلة هذه <br />
الوثائق المهمة وثيقة العمل الاقتصادي العربي المشترك، والتي تحدد مبادئ الأنشطة <br />
الاقتصادية في المنطقة.
   </p>
</body>
```

الشكل 3-3: نتيجة الانتقال إلى السطر باستخدام الوسم br

3.2.1   تنسيق النصوص

جميل جدا ما عملناه مع النصوص حتى الآن، لكن الأجمل من ذلك قدرتنا على التحكم بشكل ظهور بعض الكلمات ضمن تلك النصوص ففي xhtml هناك مجموع لا بأس بها من الوسوم تمكننا من التحكم ببعض الكلمات الرئيسية أو الجمل المتميزة نوعا ما عن باقي النصوص، وسأحاول أن أسردها بشكل سريع ومفهم حيث أذكر الوسم ووظيفته ومثال عليه.

- <em> </em> نستخدم هذا الوسم داخل الفقرات لحصر كلمة ما أو مجموعة كلمات لجعلها مائلا حيث يظهر كل ما هو متواجد بين <em> و </em> بشكل الخط المائل كما في المثال التالي.

```
<body>
<p>السيد هو الامين العام لجامعة الدول العربية  <em> نبيل العربي </em>   من جمهورية مصر
العربية</p>
</body>
```

سيكون نتيجة ظهور الاسم «نبيل العربي» بالخط المائل.

- <strong> </strong> وظيفة هذا الوسم هو جعل أي نص داخلها يظهر بالأسود العريض ونستخدمها تماما كالوسم السابق، فلو بدلنا مكان em ووضعنا strong لكان نتيجة ظهور الاسم «**نبيل العربي**» بالأسود العريض.

---

*ملاحظة: من الممكن استخدام الوسمين معا فتكون النتيجة ظهور الاسم «**نبيل العربي**» بالأسود العريض المائل، لكن لفعل هذا يجب الانتباه إلى عدم تداخل الوسوم بينها فنغلق الوسم الثاني قبل الأول كما يلي:*

كتابة صحيحة لعدم تداخل الوسوم `<em> <strong> النص </strong> </em>`

أيضا كتابة صحيحة لعدم تداخل الوسوم `<strong> <em> النص </em> </strong>`

خطأ بسبب تداخل الوسوم فيما بينها `<em> <strong> النص </em> </strong>`

- نستخدم هذا الوسم لوضع النص فوق كما في الاختصار (th) الذي يوضع فوق التاريخ الإنكليزي والمثال التالي يوضح ذلك.

```
<body>
<p> The Arab League was founded in Cairo in the 22<sup> th
</sup> of March 1945. </p>
</body>
```

سيكون نتيجة ظهور th كما يلي:

The Arab League was founded in Cairo in the 22th of March 1945.

- هذا نظير الوسم السابق حيث يوضع النص تحت السطر كما في العمليات الرياضية والمثال التالي يوضح ذلك.

```
<body>
<p> x<sub>n</sub> + x<sub>n - 1</sub> - 2x<sub>n-2</sub>
</p>
</body>
```

النتيجة:

$x_n + x_{n-1} - 2x_{n-2}$

بالطبع أظنك استنتجت امكانية مزج هاتين الوسمتين لكتابة شيء مثل هذا:

$x_n + y^{k-n}$

3.2.2 الاقتباسات والاختصارات

- الاقتباسات:

هناك نوعان من الاقتباسات إما أن يكون اقتباسا لجملة صغيرة داخل فقرة عندها نستخدم الوسم <q> </q> أو أن يكون اقتباسا لفقرة كاملة عندها نستخدم الوسم <blockquote> </blockquote> والفرق بينهما هي أنه في الحال الأول أي عند الاقتباس الصغير فإن وسم الاقتباس q يعتبر وسم داخلي وبالتالي يوضع داخل وسم فقرة (p) اجبارا أما في الحالة الثانية أي حالة اقتباس فقرة كاملة فوسم الفقرة (p) هو الذي يوضع داخل وسم الاقتباس **blockquote** والمثالان التاليان يوضحان ذلك:

مثال الاقتباس الصغير:

```
<body>
  <p> لا تمل من تجربة هذه الدروس فقد قيل
    <q> أعظم النجاحات تأتي بعد أشد العثرات </q> فاصبر وستنال مرادك
  </p>
</body>
```

سيظهر جملة: "أعظم النجاحات تأتي بعد أشد العثرات" بين علامتي تنصيص كنتيجة للوسم <q></q>.

مثال الاقتباس الكبير:

```
<body>
  <blockquote>
```

<p> لا تمل من تجربة هذه الدروس فقد قيل أعظم النجاحات تأتي بعد أشد العثرات فاصبر <p>

وستنال مرادك <p/>

```
  </blockquote>
</body>
```

ستكون نتيجة هذا المثال كأي فقرة عادية فقط في حال الاقتباس الكبير يتم إزاحة النص بقدر 20 بكسل حسب اتجاه النص فلو كان اتجاه النص من اليسار إلى اليمين يتم إزاحة النص إلى اليمين والعكس بالعكس، إذا كان اتجاه النص من اليمين إلى اليسار يكون الازاحة إلى اليسار.

- الاختصارات

قد يرد بعض العبارات و الكلمات أحيانا مختصرة في نصوصنا، وقد لا تكون مفهومة للوهلة الأولى بالنسبة للزائر وبالتالي يتحتم علينا شرحها. أذكر على سبيل المثال الكلمة البربرية xhtml فقد لا يعرف شريحة كبيرة من المجتمع ما تعنيه تلك الحروف المختصرة وبالتالي لابد من شرحها لكن بدلا من وضعها بين قوسين كما في نصوص الكتب، سنشرحها دون أن نجمعها مع نصنا وذلك باستخدام الوسم <acronym> </acronym> حيث نضع الكلمة المختصرة بالداخل ثم نضيف لنفس الوسم الخاصية المسمى title التي تأخذ الشرح الخاص بالاختصار كقيمة لها. ولن يظهر الشرح إلا عندما يضع الزائر الفأرة فوق الاختصار كما في المثال التالي:

```
<body>
  <p> إن

    <acronym title="eXtensible HyperText Markup Language">
XHTML </acronym> هو اللغة المستخدمة في تصميم المواقع.
  </p>
</body>
```

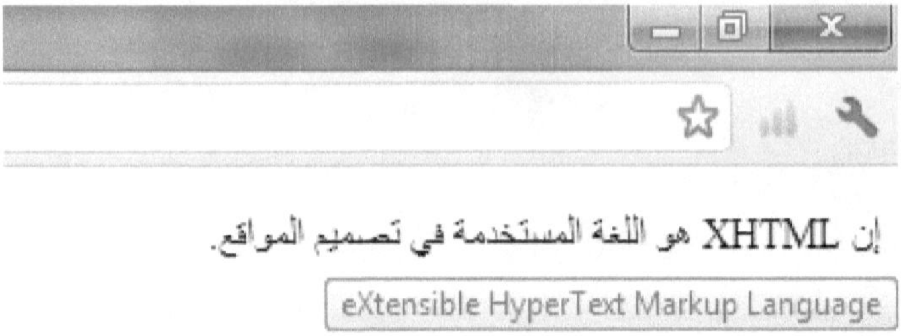

إن XHTML هو اللغة المستخدمة في تصميم المواقع.

eXtensible HyperText Markup Language

الشكل 4-3

نشاهد في هذا الشكل أن النص يظهر كأي نص عادي لكن عند وضع المؤشر فوق كلمة xhtml يظهر مربع صغير يحتوي على شرح الكلمة؛ " eXtensible HyperText Markup Language"

ملاحظة: بعض المتصفحات مثل فيرفكس وأوبرا فإنه تضع خط تحت الاختصار تلقائيا للدلالة على وجود شرح مقترن بالاختصار أما المتصفحات الأخرى فلا تفعل ذلك لكن مع هذا فالشرح يظهر عند وضع الفأرة فوق الكلمة.

3.3   القوائم جهة xhtml

تعتبر القوائم من العناصر الأكثر أهمية في عملية تصميم وبناء مواقع الويب فبواسطتها يتم إنشاء قائمة الروابط التي تسمح للزائر الانتقال بين صفحات الموقع فضلا أنها فعال جدا عند إنشاء تقسيمات داخل الصفحة ذاتها لذا من الضروري أن يتقن المصمم التلاعب بالقوائم.

وبالمناسبة ليست القوائم إلا كمثله من العناصر في بساطة فهمه وربما هو أسهل ولا أعني بهذا أن تتساهل وتقرأها قراءة سطحية بل هذا تشجيع لزيادة الانتباه، وفي كل الأحوال هناك ثلاثة أنواع من القوائم ستتحدث عنها حسب التسلسل: قائمة غير منظمة ثم قائمة منظمة (مرقمة) وأخيرا قائمة تعريفية.

3.3.1 قائمة غير منظمة

هي قائمة عادية لا يوجد بين عناصرها أي أهمية في الترتيب. يبدأ كل عنصر بنقطة سوداء بشكل افتراضي ما لم يتم استبدالها بمربع أو دائرة أو شيء آخر كما سنرى ذلك في قسم التنسيق بلغة CSS.

تشبه القائمة الغير منظمة ما يلي:

- جمهورية القمر المتحدة
- المملكة العربية السعودية
- الجمهورية العربية السورية

إن ترتيب العناصر في هذه القائمة ليس له أي دلالة كما لا أفضلية لعنصر على آخر فبدء القائمة بـ « جمهورية القمر المتحدة » لا تعني أي سابقية على « المملكة العربية السعودية » أو « الجمهورية العربية السورية » .

لإنشاء قائمة نستخدم الوسم المزدوج <ul> </ul>، أما لإضافة عنصر داخل القائمة فنستخدم كذلك الوسم المزدوج <li> </li> حيث يكون محتوى العنصر بين وسمي الافتتاح (<li>) والإغلاق (</li>). وكلما أردنا إضافة عنصر آخر في نفس القائمة قمنا بتكرار نفس العملية مع التأكد بوجود كامل عناصر محتوى القائمة داخل وسمي تعريف القائمة <ul></ul> إذ:

- <ul></ul>: يعمل على التعريف للمتصفح أننا على وشك إضافة قائمة غير منظمة.
- بينما <li></li>: يعمل على التعريف بالعناصر التي تشكل محتوى القائمة كما يبينه المثال التالي:

```
<ul>
   <li>جمهورية القمر المتحدة</li>
   <li>المملكة العربية السعودية</li>
   <li>الجمهورية العربية السورية</li>
</ul>
```

سيكون نتيجة هذا المثال قائمة عادية تبدأ كل عنصر في القائمة بنقطة سوداء.

إنشاء قوائم متداخلة

المقصود بالقوائم المتداخلة هو انشاء قائمة فرعية من خلال عنصر ضمن القائمة الرئيسية كما يبينها المثال التالي:

- أسباب الربيع العربي
  - القمع والاستبداد
  - انتحار البوعزيزي
- الثورات الناجحة
- الاحتجاجات العارمة

لإنشاء قائمة فرعية داخل قائمة رئيسية يتم إضافة القائمة الفرعية بالكامل كما لو أنها قائمة رئيسية داخل عنصر القائمة الرئيسية التي نريد أن نضع لها عناصر القائمة الفرعية كمتفرعات منه فلو أن لدينا عنصر ما في قائـــمة ولتكن : <li>أسباب الربيع العربي</li> وأردنا أن نضيف له متفرعات فسنضع قائمة بالكامل <ul><li></li></ul> داخل <li></li> كما في المثال التالي:

```
<ul>
  <li>أسباب الربيع العربي
  <ul>
    <li>القمع والاستبداد</li>
    <li>انتحار البوعزيزي</li>
  </ul>
  </li>
  <li>الثورات الناجحة</li>
  <li>الاحتجاجات العارمة</li>
</ul>
```

3.3.2   قائمة مرقمة

هذا عكس القائمة السابقة حيث الترتيب هنا له أهميته لذا تكون عناصر القائمة مرقمة فالعنصر الأول تعمدنا أن يكون هو الأول والأخير كذلك تعمدنا أن يكون هو الأخير.

يتم إنشاء قائمة مرقمة بنفس أسلوب القائمة الغير منظمة مع استبدال « ul » بـ « ol » في كلا وسمي التعريف بالقائمة، إذ « ul »هي اختصار الجملة الانجليزية « unordored list » أي (قائمة غير منظمة) أما « ol » فهي اختصار كلمة « ordored list » أي (قائمة منظمة).

مثال:

```
<ol>
    <li>جمهورية القمر المتحدة</li>
    <li>المملكة العربية السعودية</li>
    <li>الجمهورية العربية السورية</li>
</ol>
```

تختلف نتيجة هذه القائمة عن سابقها في كون العناصر لا تبدأ بنقطة سوداء بل تكون مرقمة ترقيما تصاعديا.

3.3.3   قائمة تعريفية

من العنوان يتبين لنا أن هدف هذه القوائم هي التعريف بشيء ما فلو أننا نملك قائمة بالمنظمات العالمية الكبرى وأردنا أن نذكر كل منظمة مع جملة تعريفية لها فالطريقة المثلى لفعل ذلك هي استخدام القوائم التعريفية والتي تشبه القائمة التالية:

الأمم المتحدة

منظمة عالمية تضم معظم دول العالم

الجامعة العربية

منظمة إقليمية تضم الدول العربية

الاتحاد الأوربي

منظمة إقليمية تضم جميع الدول الأوروبية

إذا لاحظت هذه القائمة جيدا فسترى أن كل عنصر يحتوي على جزأين: الأول هي الكلمة التي سيتم تعريفها أما الجزء الثاني فهي الجملة التعريفية لذا بالبداهة سنحتاج إلى وسمين أحدهما لإضافة الكلمة والآخر لإضافة التعريف، مع ضرورة استخدام الوسم <dl> لتعرف القائمة العامة. ويتم إغلاقه بعد آخر عنصر في القائمة باستخدام وسم الإغلاق <dl/>.

لإضافة عناصر القائمة نستخدم الوسم <dt></dt> للكلمات يليها الوسم <dd></dd> للجمل كما في المثال التالي:

```
<dl>
   <dt>الأمم المتحدة</dt>
   <dd>منظمة عالمية تضم معظم دول العالم</dd>
   <dt>الجامعة العربية</dt>
   <dd>منظمة إقليمية تضم الدول العربية</dd>
   <dt>الإتحاد الأوربي</dt>
   <dd>منظمة إقليمية تضم جميع الدول الأوروبية</dd>
</dl>
```

4 الصور

4.1 أنواع الصور وفروقاتها

أقصد بنوع الصورة الامتداد التي يمكن أن تأخذه أي صورة، وتوجد هناك الكثير من الامتدادات لكن سنتحدث هنا عن ثلاثة فقط هي الأكثر شيوعا واستخداما.

في البداية وفي حال كنت تجهل ذلك فإن امتداد أي ملف يرمز إلى اسم الطريقة التي تم استخدامها لـ تكويد (تمثيل) الملف فمثلا عندما نشاهد أي ملف منتهي بالامتداد (html.) ، نعرف مباشرة أنه تم تكويده (تمثيله) باستخدام لغة xhtml وبالنسبة للصور فيرمز الامتداد إلى الطريقة التي بواسطتها تم ضغط الصورة.

JPG

هذه الطريقة هي الأكثر شيوعا، وقد تم تطويرها بهدف ضغط الصور التي تزيد على 16 مليون لون مختلفة وعادة ما يكون الصور الطبيعية. يتم حفظ الصور على الامتداد JPG وأحيانا على الامتداد jpegكاختصار للمجموعة القائمة على تطوير هذه الطريقة (Joint Photographic Expert Group). وتملتك هذه الطريقة قدرة عالية على ضغط أحجام الصور لكن بالطبع لكل شيء ثمن وهنا يكون فقدان شيء من الجودة.

PNG

تعد هذه الطريقة الأحدث من بين الكل. كان الدافع وراء تطويرها; توفير بديل ومنافس للامتداد GIFفي زمن كان المستخدم مجبر على دفع رسوم مادية لاستخدام هذا الأخير.

انتشر استخدام امتداد PNG حتى أصبح ينظر عليه كثير من المبرمجين على أنه امتداد صور الويب لقدرته العالية على ضغط الرسومات والأشكال التي لا تحتوي على الكثير من الألوان. وقد ساعد على هذا الانتشار توفر نوعين لهذا الامتداد; الأولى يتم ضغطه باستخدام 8 بت أما الثاني فباستخدام 24

بت وهذا الأخير قابل على ضغط الصور التي تزيد على 16 مليون لون وهو في هذا كنظيره الJPG ، لكن يتميز في كونه لا يفقد الصورة جودتها وكذلك تمكينه من تمثيل الصور تحت خلفية شفافة.

مثال لصورة PNG ذات خلفية شفافة

GIF

هو الامتداد الأشهر في الشبكة بعد امتداد JPG حسب ويكيبيديا، لكن يظل PNG أحسن منها من ناحية ضغط الصور فالضغط بواسطة GIF يتوقف على 256 لون بينما PNG يستطيع ضغط الصور التي تزيد على 16 مليون لون.

ليس المقصود من هذا الكلام التنفير عن استخدام GIF ففي بعض الأحيان يكون استخدامه حتمي إذ هو الوحيد الذي يسمح بإنتاج صور متحركة، وهذا ميزة ينفرد بها عن باقي الامتدادات.

أخيرا جرى عادة المصممين على استخدام امتدادات الصور حسب الآتي:

1. JPG للصور الطبيعية والمناظر والأشخاص و بشكل عام الصور التي تحوي ألوانا كثيرة
2. PNG للرسومات والأشكل التي تحوي على القليل من الألوان وأحيانا مع ما ذكرنا عن JPG لكن باستخدام 24 بت.
3. GIF للصور المتحركة وأحيانا للرسومات والأشكل التي تحوي على القليل من الألوان.

4.2 إضافة صورة

قبل أن نشرع في استدعاء صورة ما ليظهر في صفحتنا لابد أن ننتبه إلى مكان تواجد تلك الصورة في الحاسوب حيث أننا سنقوم بإرشاد المتصفح إلى مكان تواجد الصورة في القرص الصلبة بالنسبة لمكان تواجد صفحة الويب التي نريد استدعاء الصورة إليها فكلما كان موضع الصورة أقرب من موضع الصفحة كلما كان خطوات إرشاد المتصفح أقل لذا ينصح بوضع الصور التي نريد استعمالها في موقعنا في نفس مجلد حفظ صفحات الموقع أو إنشاء مجلد فرعي داخل المجلد الذي تتواجد فيه صفحات الموقع ثم نسميه images ونضع داخله جميع الصور المراد استدعائها إلى صفحات موقعنا وجميع المصممين يتبعون هذا الأسلوب، وفي كل حال أيا كان مكان الصورة فإننا نستخدم الوسم img

لإخبار المتصفح أننا على وشك استدعاء صورة إلى هذه الصفحة ثم نستخدم الخاصية src لاستدعاء الصورة من مكانه كما يلي:

```
<body>
  <img src="arab_states.jpg" />
</body>
```

- img هو وسم إضافة صورة

- src لدلالة المتصفح على مكان تواجد الصورة

- arab_states.jpg هو اسم الصورة مع امتدادها (jpg.) .

في هذا المثال تم التطبيق على صورة متواجدة في نفس مجلد ملف الصفحة حيث نكتفي بذكر اسم الصورة وصيغتها أما لو كان الصورة في مكان آخر غير مجلد ملف الصفحة فعندها يكون لدينا حالتين:

1. الحالة الأولى هي أن تكون الصورة في مجلد فرعي داخل مجلد ملف الصفحة كما يلي:

D:\website\images

حيث يتواجد ملف الصفحة داخل المجلد website و الصورة داخل المجلد الفرعي images عندها نضيف الصورة بذكر المجلد الذي يحوي الصورة ثم نذكر الصورة مع الفصل بينهما بـ/

```
<body>
  <img src="images/arab_states.jpg" />
</body>
```

2. الحالة الثانية هي أن تكون الصورة خارج المجلد الذي يحوي ملف الصفحة كما يلي:

D:\images\website

هذه عكس الحالة الأولى حيث مجلد الصور هو الرئيسي والآخر هو الفرعي عندها يكون مسار الصورة كما يلي:

```
<body>
  <img src="../images/arab_states.jpg" />
```

```
</body>
```

وتعني النقطتان أننا نرجع بقدر مجلد إلى الوراء ثم ندخل المجلد المسمى images ما يعني أنْ لو كان الصورة في القرص /:d مباشرة لما احتجنا إلى ذكر المجلد images بل كنا سنكتفي بالنقطتين فقط وكأننا نقول للمتصفح: ارجع خطوة واحدة للوراء وابحث عن الصورة المسمى .arab_states.jpg

وأخيرا يجدر الإشارة أنه من الممكن أن تكون للصورة داخل مجلدات فرعية أكثر من واحد أو أن تسبقها مجلدات رئيسية أكثر من واحد عندها نذكر جميع المجلدات حتى نصل للصورة إذا كانت المجلدات فرعية أو نرمز لكل مجلد وراء مجلد الصورة بـ /.. حتى نصل إلى الصورة.

خصائص الصور:

قلنا أننا نستخدم وسماً ذاتي الإغلاق لإضافة صورة وهو img ونضيف الصورة – أي مسار تواجدها في القرص – في الخاصية src كما يلي:

```
<body>
  <img src="images/arab_states.jpg" />
</body>
```

والآن إذا قمت بتجربة هذا المثال مع تبديل مسار الصورة إلى مسار صورة متواجد في حاسوبك فسترى أن الصورة يظهر حسب حجمها الفعلي. في الحقيقة يوجد هناك خاصيتين لإعادة تحديد حجم الصورة لكني لا أحبها فكما ذكرت لك في البداية نستخدم xhtml للمضمون و CSS – الذي لم نشاهد شيء منه حتى الآن – للشكل.

سأخبرك عن هاتين الخاصيتين فقط لأجل معرفتك بوجودهما لكن أرجوا أن لا تستخدمها فـ CSS سيتكفل بوظيفتهما بكفاءة.

خاصيتا تحديد الحجم:

الخاصيتان هما width لتحديد العرض و height لتحديد الطول ويأخذان قيم رقمية بوحدة القياس بكسل كما يلي:

```
<body>
  <img src="images/arab_states.jpg" with="300"
height="250" />
```

```
</body>
```

نتيجة هذا المثال سيكون اظهار الصورة بحجم 300 عرضا و 250 طولا.

خاصية النص البديل:

إن مهمة هذه الخاصية هي ضمان ظهور شيء مكان الصورة عندما يعتذر ظهور الصورة بأي سبب كان، كذكر صورة غير متواجدة فعليا على الحاسوب أو حذف الصورة مع مرور الوقت أو حتى بطء انترنت لدى المستخدم.

نستخدم الخاصية المسمى alt والتي تعني النص البديل باللغة الانكليزية (alternative text) أما قيمتها كما يدل عليها اسمها فهو نص من المفترض عند قراءته أن يفهم الزائر ماهية الصورة التي كانت من المفترض أن تظهر بدلا من النص.

```
<body>
  <img src="arab_states.jpg" alt="خريطة الدول العربية" />
</body>
```

ويجدر الاشارة أن كل متصفح له كيفية خاصة في التعامل مع هذه الخاصية لذا من الأحسن تجربتها في عدت متصفحات، فمثلا عند اعتذار ظهور الصورة فجوجل كروم لا يظهر النص البديل أبدا وإنما يكتفي بإظهار أيقونة صغيرة في المكان المفترض أن تظهر الصورة أما فيرفكس فيضع النص البديل مكان الصورة وفي حال لم يتم إضافة نص بديل فلا يضع أي شيء ما يعني أن الزائر يجهل تماما افتراض ظهور هذه الصورة ومن هنا تكتسب هذه الخاصية أهمية خاصة.

خاصية المساعدة:

جرى عادة معظم المصممين على تسمية هذه الخاصية بـ « خاصية العنوان » تماشيا مع اسمها title لكن أنا أفضل تسميتها خاصية المساعدة حيث الأحسن استخدامها لشرح الصورة واعتبار الخاصية السابقة (أي alt) كعنوان.

تظهر قيمة هذه الخاصية في مربع صغير عند وضع مؤشر الفأرة فوق الصورة، وتبقى خفية فيما دون ذلك.

```
<body>
```

```
  <img src="arab_states.jpg" alt="خريطة الدول العربية" title="بيان
الحدود بين الدول الأعضاء في الجامعة العربية" />
</body>
```

الخلاصة:

الآن وقد انتهينا من درس إضافة الصور ومن قبله معالجة النصوص، لم يبق إلا أن نأتي بمثال أخير يكون بمثابة الخلاصة لهاذين الدرسين.

```
<body>
  <h2>الربيع العربي</h2>
  <img src="arab_spring_map.png" alt="خريطة الدول العربية"
title="حالة الدول العربية أثناء الثورات العربية" />
  <p> الثورات العربية، أو الربيع العربي أو ثورات الربيع العربي في الإعلام، هي حركة احتجاجية
سلمية ضخمة انطلقت في كُلِّ البلدان العربية خلال أوخر عام 2010 ومطلع 2011، متأثرة
<strong>بالثورة التونسية التي اندلعت جراء إحراق
        <em>محمد البوعزيزي</em>
نفسه ونجحت في الإطاحة بالرئيس السابق زين العابدين بن علي، وكان من أسبابها </strong>
الأساسية انتشار الفساد والركود الاقتصاديّ وسوء الأحوال المَعيشية، إضافة إلى التضييق السياسيّ
والأمني وعدم نزاهة الانتخابات في معظم البلاد العربية.
 </p>
  <p> نجحت الثورات بالإطاحة بأربعة أنظمة
      <acronym title="ما زالت ثورة سورية مستمرة مطالبة بإسقاط نظام بشار
الأسد">حتى وقت كتابة هذه السطور
      </acronym> ، فبعدَ الثورة التونسية نجحت ثورة 25 يناير المصرية بإسقاط الرئيس
السابق محمد حسني مبارك، ثم ثورة 17 فبراير الليبية بقتل معمر القذافي وإسقاط نظامه، فالثورة
اليمنية التي أجبرت علي عبد الله صالح على التنحي.
```

```
</p>
<p>
<q>وأما الحركات الاحتجاجية فقد بلغت جميع أنحاء الوطن العربي، وكانت أكبرها هي
حركة الاحتجاجات في سوريا. تميزت هذه الثورات بظهور هتاف عربيّ أصبح شهيرًا في كل الدول
العربية وهو:
الشعب يريد إسقاط النظام</q>
</p>
</body>
```

سيكون نتيجة هذا المثال كالآتي:

الشكل 4-1

تعمّدت استخدام متصفح فيرفكس لتجربة هذا المثال كي نلاحظ الخط المنقط الذي يظهر تحت "حتى
وقت كتابة هذه السطور"، فقد استخدمت هنا وسم acronym الذي قلنا أنه يستخدم لشرح
الاختصارات. من الواضح أني لم أستخدم أي اختصار لكني أردت أن أوضح للزائر سبب استخدامي

لهذه العبارة، وما أن يضع الزائر مؤشر الفأرة فوقها حتى تظهر له مربع صغير مكتوب عليه: "ما زالت ثورة سورية مستمرة مطالبة بإسقاط نظام بشار الأسد".

5 الروابط التشعيبية

الروابط التشعيبية (أو الوصلات كما يسميها البعض) هي التي تخلق لنا التفاعل بين صفحات الموقع الواحد أو بين عدة مواقع، حيث يتكون الموقع الواحد من عدة صفحات يتم الانتقال بينها باستخدام ما يسمى الروابط التشعيبية.

هناك نوعان من الروابط أحدهما داخلي والآخر خارجي وأيا كان نوع الرابط المراد إضافته فإننا نستخدم الوسم المزدوج <a href=""></a>: حيث نضع الصفحة المراد الانتقال إليه داخل الخاصية href أما نص الرابط فنضعه بين وسمي الافتتاح والإغلاق وهو ما سيظهر للزائر كما هو في المثال التالي:

```
<body>
 <p><a href="http://www.alkamaria.net">موقع القمرية</a></p>
</body>
```

سيكون نتيجة هذا المثال؛ ظهور عبارة "موقع القمرية" باللون الأزرق ومسطر مع قابلية النقر عليها للانتقال إلى موقع القمرية (www.alkamaria.net).

5.1 الروابط الخارجية (إلى موقع آخر)

كما هو مذكور في العنوان فإننا نستخدم الروابط الخارجية للانتقال من موقعنا إلى موقع آخر في محيط عالم الإنترنت، وطبعا يوضح المثال السابق كيفية فعل ذلك لكن ما علينا معرفته هو أننا قد نود أن نرسل الزائر إلى صفحة محددة داخل الموقع المراد الانتقال إليه وكذلك قد نضطر إلى إضافة روابط تحتوي على إشارات مثل & سواء في الروابط الداخلية أو الخارجية كما في الرابط التالي:

http://www.alkamaria.net/news.php?action=view&id=35

في حالة إرسال الزائر إلى صفحة محددة في موقع ما نقوم بوضع رابط الموقع ثم شرطة / ثم اسم الصفحة المرادة، وهي news.php في حالتنا هذه.

ملاحظة: اسم الصفحة هي news.php بامتداد php. لأن الصفحة بالذات محفوظة بهذه الامتداد لاحتوائها على أوامر برمجية من لغة php أما لو كان صفحة عادية بلغة html لكتبنا news.htm. أما في حالة احتواء الرابط على رموز & فإننا نقوم باستبدالها إلى الرمز المقابل له في لغة xhtmlوهو ;amp&. هذا مع العلم أنه بمجرد وضع الرمز & سيعمل الصفحة دون مشاكل لكن تعد ذلك خطأ بالنسبة للمعايير القياسية وسنرى ذلك عند الحديث عنها.

بعض خصائص الروابط:

الخاصية title:

قد أصبح هذه الخاصية مألوفا بالنسبة لك، فهي نفس الخاصية التي استخدمناها مع الصور، وتعمل بنفس الشكل؛ لا تظهر قيمتها إلا عند وضع مؤشر الفأرة فوقها. نستخدمها مع الروابط كعنوان للرابط أو لبيان ما يؤدي إليه.

```
<body>
<p>لعب الاعلام العربي أمثال<a href="http://www.aljazeera.net"
title="موقع قناة الجزيرة على الانترنت">قناة الجزيرة</a> دورا بارزا أثناء الثورات
العربية</p>
</body>
```

الشكل 5-1: نتيجة ظهور قيمة title عند وضع المؤشر على الرابط (قناة الجزيرة)

فتح رابط في نافذة جديدة:

أحيانا قد نريد أن نرسل الزائر إلى موقع آخر لكن دون أن يقوم بإغلاق موقعنا لاسيما وقد يعجب الزائر بالموقع الذي أرسلناه إليه فيلتهي به وينسى معاودة تصفح موقعنا، لذا ربما من الحكمة أن نفتح له الموقع على نافذة جديدة بحيث يبقى موقعنا مفتوح يمكنه ملاحظته في أي وقت.

معظم المتصفحات الجديدة تعمد إلى إغلاق هذه الخاصية لكن مع هذا فمازالت هذه الخاصية تجدي نفعا في بعض الحالات فطالما فضل الزائر فتح هكذا موقع في نافذة جديدة. نستخدم الخاصية **target** ثم نعطيه القيمة blank_ وبالطبع مع الشحطة (_) إجبارا.

```
<body>
  <p> لعب الاعلام العربي أمثال <a href="http://www.aljazeera.net"
title="موقع قناة الجزيرة على الانترنت" target="_blank">قناة الجزيرة</a> دورا
بارزا أثناء الثورات العربية</p>
</body>
```

طبعا سيكون النتيجة كسابقه لكن هذه المرة سيتم فتح www.aljazeera.net في نافذة جديدة.

5.2 الروابط الداخلية

بعد أن تحدثنا عن الروابط الخارجية نأتي للروابط الداخلية التي هي الأهم مادامت هي التي تخلق لنا التفاعل بين صفحات موقعنا كما سبق وأشرت، ولابد أن نشير أولا أنه يمكن إضافة الروابط الداخلية باتباع أسلوب الروابط الخارجية أي بوضع اسم الموقع ثم الصفحة المراد الانتقال إليها. فلو أننا نملك صفحتين index.html و news.html متواجدين في موقع www.site.com فيمكننا وضع رابط في كل واحدة منهما للانتقال إلى الأخرى عن طريق وضع اسم الموقع بالكامل ثم اسم الصفحة كما يلي:

```
<a href="www.site.com/index.html">الصفحة الرئيسية</a>
<a href="www.site.com/news.html">الأخبار</a>
```

أما الأسلوب الثاني والأمثل فهو كتابة اسم الصفحة المراد الانتقال إليه مباشرة مع مراعاة مسار توافر الملفات على الحاسوب كما سبق وتحدثنا عنه في درس إضافة الصور.

```
<a href="index.html">الصفحة الرئيسية</a>
<a href="news.html">الأخبار</a>
```

هذان المثالان يمثلان تواجد كل الصفحات في مجلد واحد أما لو كان الصفحات في مجلدات مختلفات فيجب حينها تحديد مسار المجلد بالكامل، فمثلا إذا كان لدينا صفحة ثالثة (about.html) متواجد في مجلد فرعي هو doc فببساطة يكون الرابط إلى هذه الصفحة كما يلي:

```
<a href="doc/about.html">من نحن<a/>
```

5.3   رابط ارسال رسالة

يمكن بكل بساطة إضافة رابط بريد إلكتروني بحيث إذا نقر عليه الزائر يفتح له صفحة إرسال رسالة إلى صاحب تلك البريد عن طريق برنامج إرسال وتصفح الرسائل Microsoft Outlook وذلك كما في المثال التالي:

```
<a href=" mailto:mymail@domaine.com ">اتصل بنا<a/>
```

نضيف البريد الالكتروني مكان الرابط مسبوقا بكلة : mailto مع النقطتين طبعا.

5.4   رابط إلى موضع محدد

ماذا لو كنت تملك صفحة طويلة جدا ؟ أليس من الجيد لو أنك تستطيع ارسال الزائر إلى فقرة معينة وتكفي عنه عناء البحث عنه؟ هذا ما نعنيه من الرابط إلى موضع محدد؛ امكانية انشاء رابط لأي عنصر في الصفحة وعند النقر عليه يتم نقل الزائر مباشرة إلى موضع العنصر. لإنشاء رابط من هذا النوع نتبع الخطوات التالية:

1. أولا: نعطي الفقرة (أو أي عنصر آخر) اسما وحيدا من اختيارنا باستخدام الخاصية id كما يلي:

```
<body>
   <p id="motivations">فقرة أسباب ثورات الربيع العربي<p/>
</body>
```

باستخدام الخاصية id نكون قد خصصنا الاسم الوحيد motivations لهذه الفقرة والخطوة التالية تبين كيفية الاستفادة منها لإنشاء رابط يؤدي إلى هذه الفقرة.

2. ثانيا: نقوم بإنشاء الرابط الذي سيؤدي إلى الفقرة المعنية ونعطيه اسم الفقرة كقيمة مسبوقا بعلامة المربع #. (لا تنسى أن اسم الفقرة هي قيمة الخاصية id).

```
<body>
  <p><a href="#motivations">أسباب الثورات العربية</a></p>
</body>
```

والآن يمكنك استخدام النموذج التالي لتجربة مثال فعلي:

```
<body>
  <p><a href="#motivations">أسباب الثورات العربية</a></p>
  <p>قم بكتابة نص طويل جدا هنا</p>
  <p id="motivations">فقرة أسباب ثورات الربيع العربي</p>
</body>
```

ستكون النتيجة ظهور المحتوى من بداية الصفحة لكن عند النقر على الرابط « أسباب الثورات العربية » سينتقل بك المتصفح مباشرة إلى « فقرة أسباب ثورات الربيع العربي ».

فكرة: يمكنك إضافة رابط أسفل الصفحة مع علامة المربع فقط (#) كقيمة وعند نقر الزائر عليه يعيده مباشرة إلى بداية نفس الصفحة التي يتواجد فيها.

والآن ماذا إذا كان النقطة المراد في صفحة آخر؟

بكل بساطة نتبع نفس الخطوات السابقة لكن هذه المرة نكتب الرابط الخارجي بما فيها الصفحة الذي نريد إرسال الزائر إليه ومن ثم نقوم بإضافة جزء رابط الموضع المحدد فلو أننا نريد إرسال الزائر إلى موقع القمرية داخل صفحة الأخبار news.html على فقرة وضعت لها خاصية id باسم arabic_news فسيكون الرابط كما يلي:

```
<body>
  <a
href="http://www.alkamaria.net/news.html#arabic_news">الأخبار
العربية على موقع القمرية</a>
</body>
```

أساسيات لغة CSS

التنسيقات الأساسية لعناصر xhtml

6 مفهوم صفحات الأنماط

عندما ينتهي أحدهم ببناء بيت فلا شك أنه يسعد بامتلاكه بيتا جديدا، لكن يبقى فرحه محدود حيث يبقى عليه تأثيث البيت واستكمال الإجراءات النهائية التي ستجعل من بيته مكانا صالحا للسكن. هذا الوصف يتطابق بشكل أو بآخر مع موضوع حديثنا فـ xhtml بمثابة الجدران المبنية بالإسمنت والطوب بينما CSS يقوم مقام الدهان والأثاث والديكور بشكل عام.

هذا باختصار مفهوم صفحات الأنماط لكن يجب أن أنبهك أن بعض برامج تصميم المواقع كـ Microsoft FrontPage تدعي قدرتها على تصميم مواقع باستخدام xhtml و CSS. قد ينخدع المبتدئ عندما يشاهد أنه فعلا تقوم هذه البرامج بعمل مواقع تبدوا في نظرهم رائعة جدا، لكن ما أن تشرع في دراسة CSS حتى تفهم حقيقة تعقيد تلك البرامج لعمل المصمم، فالحقيقة لم تزل تلك البرامج تستخدم النسخة الأولى لـ CSS مع خصائص وأوامر ربما منقرضة لم يعد أحد يستخدمها بل ولم يعد المتصفحات الجديدة تأخذها بعين الاعتبار وفوق هذا تعتبر أخطاء حسب المعايير القياسية.

يعود السبب وراء ظهور تقنية CSS إلى حاجة المصممين لعزل وفصل التنسيق عن المحتوى. ويشمل التنسيق على الألوان والخطوط والخلفيات إلى آخره بينما يشمل المحتوى على جميع عناصر لغة xhtml من عناوين وفقرات...

ويعني هذا الكلام أننا نستخدم تقنية CSS فقط للتحكم بمظهر وشكل العناصر دون التعرض للعناصر نفسها. ويتكون التصميم النهائي لأي موقع من جملة خصائص CSS المستخدمة للتحكم بأي عنصر في الموقع.

وأخيرا أرى لزوما علي أن أنبهك أن تقنية CSS تتطور بشكل سريع جدا مما جعل بعض متصفحات الويب تتأخر في دعم التحسينات الجديدة المدخلة في هذه التقنية لذا من الضروري جدا متابعة أخبار دعم متصفحات الويب للتحسينات الجديدة كي تتقاضى مشكلة تصميم مواقع ويب غير متوافق مع غالبية المتصفحات.

7 طرق تضمين ملف CSS داخل ملف html

سنتحدث في هذا الفصل عن الطرق الثلاثة التي بواسطتها يمكننا دمج أوامر من نوع xhtml مع أوامر أخرى من نوع CSS. وهي احدى طرق ثلاثة: إما اجراء تنسيقات CSS مباشرة على كل عنصر xhtml وإما جمع جميع التنسيقات في رأس الصفحة وبالتالي اجراء التنسيقات على جميع عناصر الصفحة أو انشاء ملف مستقل لتنسيقات CSS وبالتالي امكانية استدعاء هذا الملف إلى جميع صفحات xhtml. وفيما يلي تفصيل كيفية استخدام كل طريقة.

7.1 تضمين مباشر داخل الوسم

تعني التضمين المباشر داخل الوسم أن نقوم بوضع متغيرات (تنسيقات) CSS داخل الوسم الذي نريد تغيير خصائصه كما يلي:

```
<body>
  <p style="color: blue;"> هذا نص </p>
</body>
```

كما نلاحظ من هذا المثال فإننا نستخدم الخاصية style لفتح مجال وضع متغيرات الـ CSS التي ستقوم بتنسيق الفقرة p. المتغير color ذات القيمة blue في هذا المثال يعني اظهار الفقرة باللون الأزرق بدلا من اللون الأسود الافتراضي.

مشكلة هذه الطريقة هو أننا نقوم بتكرار نفس العملية على أي عنصر نريد استبدال تنسيقها الافتراضي، فلو كان لدينا ثلاث فقرات أخرى مثلا وأردنا تطبيق نفس التنسيق السابق (أي جعل لون الفقرة أزرق) فسيتحتم علينا تكرار نفس العملية على وسوم الفقرات الثلاثة. يعني تكرار « style="*color: blue;*" » ثلاث مرات.

7.2 تضمين مباشر عن طريق رأس الصفحة

تختلف هذه الطريقة عن سابقها في كونها تقوم بوضع المتغيرات في رأس صفحة الويب بدلا من الوسم بالذات كما يلي:

```
<head>
  <style type="text/CSS">
   P{ Color: blue; }
  </style>
</head>
```

الوسم المزدوج <style></style> يقوم بفتح مجال كتابة التنسيقات أما الخاصية **type** في وسم الافتتاح فتبين نوع التنسيقات على أنها نصي من نوع CSS. وأخيرا الجملة « *P{ Color: blue; }* » هو معادل الجملة « style="*color: blue;*" » في الطريقة الأول. قد سلمت هذه الطريقة من التكرارات التي تحدث في الطريقة الأول، فلو استعدنا نفس "مثال الفقرات الثلاثة" الذي تحدثنا عنه في الطريقة الأول لما احتجنا إلى تكرار التنسيقات وإنما يكفي كتابة الجملة « *P{ Color: blue; }* » مرة واحدة.

يعاب على هذه الطريقة أمرين اثنين; أولهما يكمن في كون أي تنسيق يطبق على عنصر ما يتم تنفيذها على جميع العناصر في الصفحة ففي المثال السابق سيتم اظهار جميع الفقرات باللون الأزرق. للتخلص من هذه المشكلة نلجأ إلى استخدام المعرف id الذي سبق واستخدمناه في درس انشاء ارتباط إلى وضع محدد وستتحدث عنه لاحقا بالتفصيل. والأمر الثاني الذي يعاب عليه هذه الطريقة هو أنه لو كنا نملك أكثر من صفحة ويب - وهي الحالة دائما - فإننا سنضطر إلى تكرار التنسيقات المتشابهة في كل الصفحات، وقد يبدوا الأمر سهلا مع بضع صفحات لكن عندما يتكون لنا موقع مع مئات الصفحات فلا شك أن الأمر يصبح تحد كبير.

7.3 تضمين بواسطة ملف مستقل

تعد هذه الطريقة الأحسن من بين الطرق الثلاثة، حيث نقوم بإنشاء ملف مستقل تحوي جميع التنسيقات. نسميه مثلا style.CSS ثم نقوم باستدعائه في جميع صفحات الويب عن طريق إضافة السطر التالي في رأس الصفحة.

```
<head>
  <link rel="stylesheet" media="screen" type="text/CSS" 
title="style" href="style.CSS" />
</head>
```

يتم استدعاء ملف التنسيقات « style.CSS » عن طريق الخاصية **href** التي نعطيها مسار الملف

كاملة أو اسم الملف فحسب عند تواجد ملف الصفحة (xhtml) وملف التنسيق (CSS) في نفس المجلد.

يتشابه هذه الطريقة مع الثانية من ناحية التكرار، حيث لا نحتاج إلى تكرار نفس متغيرات CSS على الوسوم (xhtml) من نفس النوع. ويتميز عن الكل عندما يكون لدينا أكثر من صفحة حيث نقوم بإعادة سلسلة من التكرارات في الطريقة الأول كي نطبق نفس التنسيقات على نفس الوسوم أما في الطريقة الثانية فالتكرار لا يكون من ناحية الوسوم بل من ناحية الصفحات حيث نلجأ إلى نسخ ولصق جميع تنسيقات الـ CSS في رأس كل صفحة (يعني تكرار نفس التنسيقات في جميع صفحات الموقع). أما بالنسبة للطريقة الثالثة فلا نحتاج إلا إلى نسخ ولصق سطر واحد فقط هو سطر استدعاء الملف حيث نستدعي نفس الملف إلى كل صفحات الموقع ويتم تطبيق التنسيقات تلقائيا. ومن هنا يتبين لنا أن الطريقة الثالثة هي الأحسن والأفضل إذ يقلل من الوقت والجهد كما يقلل أيضا من حجم الملفات.

قد يسأل سائلا ويقول: ما الفائدة من الطرق الأخرى؟ لذا دعني أوضح لك أنه لم يتم اختراع الطرق الثلاثة في آن واحد وإنما في البداية تم اختراع الطريقة الأولى ثم الطريقة الثاني لإدراك العيوب التي ذكرناها عن الطريقة الأول ومن ثم تم اختراع الطريقة الثالثة لنفس السبب; استدراك عيوب الطريقة الثانية. كلما تم اختراع طريقة كان الخبراء يحتفظون بسابقها كالعادة وهكذا أصبح لدينا ثلاثة طرق بميزات وعيوب مختلفة. يملك كل مصمم حرية اختيار الطريقة التي يناسبه، أما كتجربة شخصية فالطريقة الأولى أكاد لا أستخدمها إلا نادرا لتجربة تنسيق ما قبل أن أقرر استخدامه بينما أحيانا أستخدم الطريقة الثانية لتنسيق صفحة لا تتكرر نفس التنسيقات في أي صفحة آخر كتنسيق نموذج "اتصل بنا" وأخيرا أستخدم الطريقة الثالثة فيما دون ذلك.

طريقة انشاء ملف:

إن طريقة إنشاء ملف CSS تشبه تماما طريقة إنشاء ملف xhtml لكن عند الحفظ نختار من القائمة حفظ بامتداد (notepad++) CSS أو نكتب اسم الملف مع الامتداد (style.CSS) إذا كنا نستخدم محرر عادي. أما طريقة استدعائه إلى داخل ملف xhtml فبواسطة السطر الذي ذكرنا سابقا أنه يضاف داخل رأس صفحة ملف xhtml.

سأطلب منك الآن أن تقوم بإنشاء ملفين أحدهما ملف صفحة الويب « index.html » والثاني

ملف التنسيقات « style.CSS » وسيحتوي الملفين على الأوامر التالي:

أوامر ملف الصفحة « index.html » :

```
<!DOCTYPE html PUBLIC "-//W3C//DTD XHTML 1.0 Strict//EN"
"http://www.w3.org/TR/xhtml1/DTD/xhtml1-strict.dtd">
<html xmlns="http://www.w3.org/1999/xhtml" xml:lang="ar"
dir="rtl">
  <head>
    <title> مرحبا بكم في موقعي الإلكتروني ! </title>
    <meta http-equiv="Content-Type" content="text/html;
charset=windows-1256" />
    <link rel="stylesheet" media="screen" type="text/CSS"
title="style" href="style.CSS" />
  </head>
  <body>
    <p> هذه صفحة ويب تحتوي على ملف تنسيق من نوع CSS. </p>
  </body>
</html>
```

أوامر ملف التنسيق « style.CSS » :

```
p {
      color: blue;
}
```

بعد انشاء الملفين المستقلين يترتب علينا الآن شرح فكرة دمجهما معا، وسأستعين بالشكل التالي عملا بقولهم: *الصورة تغني عن ألف كلمة.*

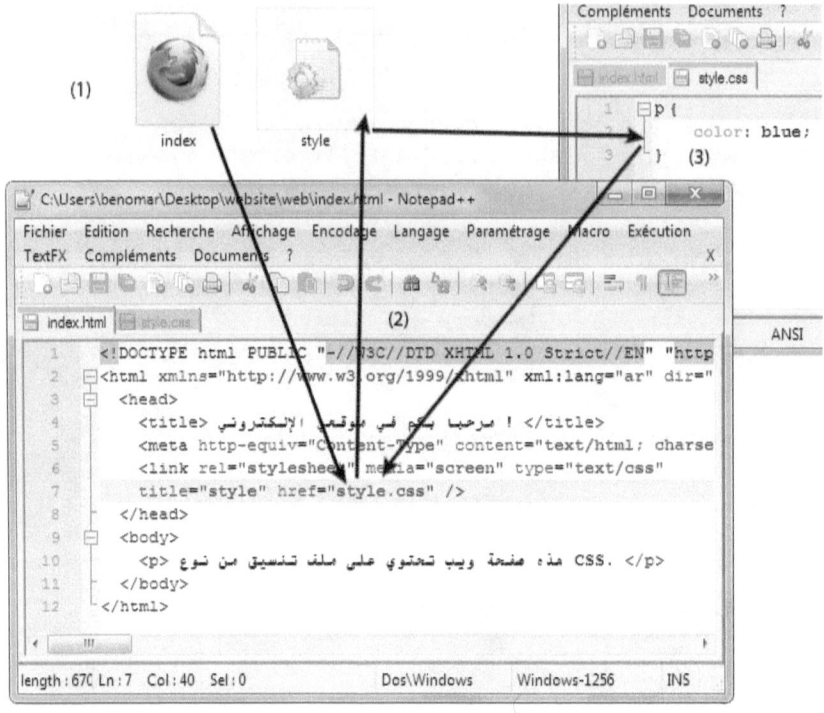

الشكل 1-7

نلاحظ في هذه الصورة وجود الأشكال الثلاث التاليات:

1) يظهر في الشكل الأول كل من ملفي الصفحة (index.html) و التصميم
(style.CSS).

2) ويظهر في الشكل الثاني ملف الصفحة index.html (بعد فتحه) وبداخله
أمر استدعاء ملف التصميم style.CSS :

<link rel="stylesheet" …href="style.CSS" …

3) وأخيرا نرى أوامر التصميم style.CSS في الشكل الثالث، وهي التي
ستقوم بالتزاوج مع أوامر صفحة الويب لتعطينا في النهاية شكل واحد هو
الموقع الإلكتروني بمحتواه المصمم بلغة xhtml والمنسق بملفات صفحات
الأنماط CSS.

8   إضافة تنسيق CSS لوسم xhtml

قبل الشروع في انشاء أي تنسيق فلا بد من تحديد ثلاثة أمور:

1. الوسم: أي وسم العنصر الذي نريد تنسيقه، ولن نضيف شيئا جديدا في هذا بل سنستخدم نفس الوسوم الذي سبق وتحدثنا عنه لكن دون أن نضعه في الشكل <>، فمثلا إذا أردنا تنسيق فقرة نص فالوسم المستخدم هو p المجرد وليس <p> .

2. الخصائص: وهي أوامر CSS التي سننسبها للوسم لتحديد نوع التنسيق المراد كالخاصية color التي تختص بلون العنصر.

3. القيمة: وهي القيمة التي تأخذها الخاصية من ضمن قيم كثيرة، فمثلا الخاصية السابقة color يمكن أن تأخذ كقيمة اللون الأزرق أو الأحمر أو أي لون آخر. من الممكن لبعض الخصائص أن تأخذ أكثر من قيمة كما سنرى ذلك لاحقا.

الصيغة المعيارية لكتابة ملف CSS:

ذكرنا أن الصيغة المعيارية لصفحة xhtml هي ضرورية الالتزام إلا أنها في بعض الحالات إذا تم تجاهلها فيمكن للصفحة أن تعمل جيدا بالرغم من تلك الخطأ. دعني أؤكد لك من البداية أن الأمر مختلف تماما مع صيغة ومعيار CSS. فأي خطأ في المعيار مهما كان بسيطا سيؤدي إلى تجاهل المتصفح لجميع التنسيقات من مكان الخطأ إلى نهاية الملف. وستظهر نتائج تلك الخطأ جلية على المتصفح لا سيما إذا كان موضع الخطأ يتعلق بأسلوب تقسيم الصفحة.

الشكل التالي يوضح الصيغة المعيارية لكتابة ملف CSS:

```
selector1
{
  property: value;
  property: value;
  property: value;
}
selector2
{
  property: value;
  property: value;
  property: value;
}
selector3
{
  property: value;
}
```

نلاحظ في هذا الشكل وجود الاسم selector وهو يمثل الوسم المراد تنسيقه (p مثلا) أما property فتمثل خاصية التنسيق المراد إضافته للوسم (color مثلا) أما value فتمثل قيمة الخاصية والتي يمكن أن تكون red في حال الخاصية color.

وكذلك نلاحظ أنه يمكن إضافة أكثر من تنسيق على الوسم الواحد، فقط نقوم بالفصل بين التنسيقات بفاصلة منقوطة كما نقوم بجمع خصائص تنسيق الوسم الواحد بين قوسين، وفيما يلي مثال يوضح تغيير لون وحجم فقرة نص.

أوامر xhtml:

```
<body>
  <h1><em>الربيع العربي</em></h1>
  <p> بظهور هتاف <em> الربيع العربي </em> تميزت الثورات العربية التي حصلت أثناء
عربيّ أصبح شهيرًا في كل الدول العربية وهو:
    <q> الشعب يريد إسقاط النظام. </q>
  </p>
</body>
```

تنسيق CSS:

```
h1 {
      text-align: center;
}
```

أظن أوامر الصفحة لا تحتاج إلى شرح. أما التنسيق فهو بسيط جدا: أولا قمنا بتحديد الوسم الذي نهدفه وهو h1، فتحنا بعدها القوسين استعدادا لإضافة التنسيقات. وقد أضفنا تنسيق واحد فقط باستخدام الخاصية text-align والتي تختص بوظيفة تحديد جهة النص وقيمتها هنا center أي التوسيط. ويفصل بين الخاصية وقيمتها نقطتين فوق بعضهما البعض وأخيرا ختمنا بفاصلة منقوطة.

النتيجة:

الشكل 8-1

8.1 إضافة تنسيق موحد لأكثر من وسم

في المثال السابق قمنا بتوسيط العنوان (h1) دون الفقرة (p)، وقد كان من الممكن توسيط العنصرين معا عن طريق تكرار نفس التنسيق السابق مع استهداف الفقرة في المرة الثانية كما يلي.

```
h1 {
        text-align: center;
}
p {
        text-align: center;
}
```

إذا قمنا بتجربة هذا المثال على المتصفح فسيظهر كل من العنوان h1 و الفقرة p في وسط الصفحة لكن هناك طريقة لاختصار هذه الأوامر مع الإبقاء على نفس النتيجة وهي أن نقوم بكتابة الوسوم المراد تنسيقها مع الفصل بينها بفاصلة ثم نكتب الخصائص وقيمها تماما كما يلي:

```
h1, p {
```

```
        text-align: center;
}
```

سيكون نتيجة هذا التنسيق مشابه تماما للتنسيق السابق، وهو توسيط كل من العنوان h1 والفقرة p.

استهداف عنصر بداخل عنصر آخر:

الفكرة هي كيف نقوم باستهداف عنصر متواجد داخل عنصر آخر ودون التأثير على العناصر المشابهة التي لا تتواجد معها داخل العنصر المعني. مثلا قد ورد عنصرين strong في المثال الأخير من نوع xhtml أحدهما داخل العنوان والآخر داخل الفقرة، فالهدف هو كيف نقوم بتغيير لون العنصر strong التي بداخل الفقرة دون التأثير على تلك التي بداخل العنوان ؟

دعنا أولا أن نقوم بتطبيق التنسيق المراد على العنصر strong مباشرة كما يلي:

```
strong {
       color: blue;
}
```

بالطبع سيشمل هذا التنسيق جميع العناصر strong الموجودة في الصفحة. أما لاستهداف العنصر strong الموجودة داخل الفقرة فقط نكتب الوسم p مسافة ثم strong كما يلي:

```
p strong {
       color: blue;
}
```

تعني هذه الكتابة: « p strong » تطبيق التنسيقات على جميع العناصر strong الموجودة داخل أي عنصر p.

ويجب عدم الاشكال بين الكتابتين « p, strong » و « p strong » فالكتابة الأولى مع الفاصلة تعني تطبيق التنسيق على جميع العناصر بينما الكتابة الثانية بدون فاصلة تعني تطبيق التنسيق على العنصر أقصى اليمين شريطة يكون داخل العنصر التي بيساره. و تعني هذه أن الوسم strong هو ابن للوسم p كونه متواجد داخله (<p><strong></strong></p>) .

بعض الأمثلة:

{p, strong, em} : تطبيق التنسيق على كل العناصر من نوع p و strong و em .

p strong em{} : تطبيق التنسيق على كل العناصر من em شريطة أن تكون داخل عنصر strong موجودة بدورها داخل عنصر p.

8.2 الخاصيتان id و class

كل ما حدثتك عن لغة CSS حتى الآن ليس إلا مجرد مدخل لفهم كيفية عملها. وقد رأينا مثلا أن استخدام التنسيق التالي: {p{color: blue;} تقوم بتلوين جميع الفقرات p الموجودة في الصفحة باللون الأزرق. هذا الأمر عام لجميع الوسوم، حيث أن كل تنسيق استهدف به أي وسم، فالحقيقة أن المستهدف هي جميع العناصر ذات نفس الوسم. فلو استهدفت الوسم p تكون المستهدفة هي جميع الفقرات التي بالصفحة ولو استهدفت الوسم strong تكون المستهدفة هي جميع النصوص التي بداخل أي وسم strong في الصفحة. لكن من النادر جدا في الواقع العملي أن نقوم بإضافة التنسيقات بهذا الأسلوب، لذا من الضروري أن نستطيع استهداف بعض الوسوم دون الأخرى.

وكذلك رأينا في الفقرة السابقة كيف أنه من الممكن استهداف وسوم بداخل أخرى لتطبيق تنسيق عليها دون التأثير بالوسم الأب. بالرغم من كون هذا الاستهداف مفيد جدا، فهو محدود نوعا ما فعندما نقوم باستهداف الوسم strong داخل جميع الفقرات p مثلا. فقد ينشأ لدينا مجموعة كبيرة من نوع الوسم strong المتواجدة داخل الفقرات، فماذا لو أردنا فقط استهداف بعض منها وليس الكل ؟ هذا ما يتيحه لنا الخاصيتين id و class حيث نستخدمها تماما بنفس الأسلوب الذي نستخدم الخصائص في صفحات xhtml.

```
<body>
  <h1 id="logo"> هذا محتوى نصي</h1>
  <p class="pOne"> هذا محتوى نصي</p>
</body>
```

إن قيمة الخاصيتان class و id تكون من اختيار المصمم بحيث يمكن اختيار أي اسم كان شريطة عدم ابتدائه برقم في حال الخاصية id (يعني من الخطأ أن نكتب "id= "2name والصواب هو (id= "name2" أما مع الخاصية class فلا مانع من ابتداء الاسم برقم. كذلك يجب أن نعلم أنه يمكن استخدام نفس الاسم أكثر من مرة مع الخاصية class بحيث كل وسم يضاف له تلك الخاصية

سيأخذ جميع التنسيقات التي ستضاف له أما مع الخاصية id فلا يجوز استخدام نفس الاسم مع أكثر من مرة واحدة. وباعتبار هذا الشرط فإننا نستخدم الخاصية class مع العناصر التي تتكرر أكثر من مرة في نفس الصفحة، بينما نستخدم الخاصية id مع العناصر التي لا تتكرر إلا مرة واحدة في كل صفحة كشعار الموقع على سبيل المثال.

والآن بعد أن عرفنا كيف نقوم بتجهيز العنصر المراد تنسيقه في ملف xhtml، لم يبق إلا أن نرى كيف نقوم بتطبيق التنسيقات عليه من خلال CSS، ولنفترض أننا نريد تلوين العنوان h1 باللون لأزرق وتكبير حجم نص الفقرة p في المثال السابق فإننا نقوم بالتالي:

- إذا كان الخاصية المستخدمة id كما هي الحالة مع العنوان ("id="logo) فنستخدم قيمتها مسبوقا برمز المربع كهدف للتنسيق ثم نتابع الخطوات التالية كالعادة.

#logo { color: blue ;}

- أما إذا كان الخاصية المستخدمة class فنقوم بنفس الخطوات مع وضع نقطة ماكن رمز المربع كما يلي:

.pOne { fontsize: 18px ;}

وأخيرا إذا قمنا بإعادة كتابة هذه التنسيقات بشكل مرتب سيكون كما يلي:

```
#logo {
      color: blue;
}
.pOne {
      fontsize: 18px;
}
```

9 مفهوم التجميع والتخصيص

رأينا في الفقرة السابقة كيف يتم استخدام id أو class لتخصيص عنصر ما استعدادا لإعادة تنسيقه دون التأثير بالعناصر المشابه له فلو كان لدينا ثلاث فقرات نص مثلا وتم تنسيق واحدة منها عبر الخاصية class ولنفرض (class="pOne") بحيث أعطيناه التنسيق التالي:

```
#pOne {
        color: blue;
}
```

ستظهر الفقرة الأولى - المخصص بالخاصية class - باللون الأزرق بينما الفقرتان الآخرتان ستظهران باللون الافتراضي وهو الأسود. لكن ماذا لو أردنا تخصيص فقط جزء من الفقرة الأولى ليظهر بالأزرق وليست الفقرة كلها ؟ أو ماذا لو أردنا أن نجعل لون خلفية الفقرتين الثانية والثالثة أحمر؟

هنا يبرز فاعلية الوسمين span و div حيث نستطيع بواسطة span أن نخصص جزء من النص داخل العنصر ونقوم بتغيير تنسيقه دون التأثير على باقي العنصر كما يمكننا جمع عنصرين أو أكثر بواسطة الوسم div ثم نقوم بالتعامل مع الكل على أنها عنصر واحد.

ولابد أن نعلم أن span هو وسم داخلي وبالتالي دائما ما يكون داخل العنصر المراد تخصيص جزء منه ولا يمكن بأي حال من الأحوال أن يوضع بحد ذاته دون أن يكون داخل عنصر من النوع الخارجي، أما div فهو بالعكس وسم خارجي يحيط بالعناصر المراد تجميعها مع بعضها.

وأخيرا يجب أن نعرف أنَّ وظيفة كل من الخاصيتين id و class وكذلك الوسمين span و div هي إيجاد مسمى نستعين به لتنسيق العناصر باستخدام CSS أما من ناحية صفحة الويب xhtml فإنها لا تضيف أي شيء جديد على النتائج الظاهر للمستخدم .

كيفية تطبيق الوسم span:

يتم تطبيق الوسم span كأي وسم آخر من وسوم xhtml مع إضافة خاصية إما id أو class قيمتها هو الاسم الذي سنستخدمه في ملف CSS لتطبيق التنسيق، وينبغي الحرص على أن يكون الجزء

المراد تخصيصه بين وسمي الافتتاح <span> و الإغلاق </span> ففي المثال التالي مثلا سيتم تخصيص النص بين:<span></span> أي (جون بلاتر:(

```
<body>
  <p>  تميزت الثورات العربية بظهور هتاف وشعار
    <span class="slogan"> الشعب يريد إسقاط النظام </span>
    وقد أصبح شهيرًا فيما بعد وتم رفعها في كل الثورات التي حدثت في الدول العربية
  </p>
</body>
```

والآن بعدما تم تجهيز النص في ملف xhtml فنستطيع تطبيق تنسيق CSS عليه كما في المثال التالي:

```
.slogan {
      Color: blue;
}
```

سيظهر شعار « الشعب يريد إسقاط النظام » باللون الأزرق نتيجة لهذا التطبيق.

كيفية تطبيق الوسم div

يختلف الوسم div عن span أنه يحيط بالعنصر من الخارج بينما span يقوم بالتخصيص من الداخل أما عن كيفية عمل التطبيق فالأمر سيان حيث نضيف عليها إحدى الخاصيتين id أو class ثم نحرص على أن يكون جميع العناصر المراد جمعها مع بعضها البعض داخل div كما يبينه المثال التالي:

```
<body>
  <h1 id="logo"> هذا محتوى نصي</h1>
  <p class="pOne"> محتوى الفقرة الأولى</p>
 <div id="pTwoThree">
    <p class="pTwo"> محتوى الفقرة الثانية</p>
    <p class="pThree"> محتوى الفقرة الثالثة</p>
  </div>
</body>
```

تنسيق CSS:

```
#pTwoThree {
      Background-color: red;
}
```

سيتم تنفيذ هذا التطبيق (اضافة خلفية حمراء) على جميع العناصر التي بداخل الوسم div (الفقرة الثانية والثالثة).

الشكل 9-1

نلاحظ كيف أن العنوان والفقرة الأولى يظهران بالتنسيق العادي بينما تظهر الفقرة الثانية والثالثة بخلفية أحمر. وقد يقول قائل أن من الممكن اجراء نفس التنسيق باستخدام خاصية class بحيث نستخدم نفس الاسم للفقرتين وهذا صحيح تماما. لكن يجب الانتباه أن كل فقرة تبدأ تحت السطر بمعنى أنها كلما أضفنا فقرة جديدة فستنفصل عن سابقها بمقدار سطر واحد لذا فإن تطبيق التنسيق السابق باستخدام خاصية class تعني بقاء الأسطر التي تفصل بين الفقرات بيضاء تماما على حالها الافتراضي لكونها خارج الفقرات وليست منها.

10 تنسيق النصوص

10.1 حجم ونوع الخط

الحجم

عند كتابة نص في صفحة الويب يتم إظهارها تلقائيا بحجم يقارب 16 بكسل، ومن الممكن للمصمم أن يقوم بتغيرها إلى الحجم المناسب له وذلك باستخدام إحدى الطرق الأربعة المتوفرة في لغة CSS:

1. الأحجام القياسية

في الحقيقة ليس هذا بمصطلح متفق عليه بل مجرد تسمية مني كون هي أحجام مدروسة بدقة من قبل خبراء لتناسب كافة الاحتياجات. في هذه الطريقة يتم تحديد قيمة الحجم باستخدام مصطلحات عادية تشبه مصطلحات أحجام الملابس باللغة الانكليزية. ونستخدم الخاصية font-size للتعريف أننا على وشك تغيير حجم النص أما عن القيم فتكون كما يلي:

- xx-small : أصغر
- x-small : صغير جدا
- Small : صغير
- Medium : حجم متوسط
- Large : كبير
- x-large : كبير جدا
- xx-large: أكبر عملاق

مثال شامل لنتيجة هذه القيم.

ملف xhtml:

```
<body>

  <p class="xxsmall">المظهر النهائي للقيمة xx-small</p>

  <p class="xsmall"> المظهر النهائي للقيمة x-small</p>

  <p class="small">المظهر النهائي للقيمة small</p>

  <p class="medium">المظهر النهائي للقيمة medium</p>

  <p class="large">المظهر النهائي للقيمة large</p>

  <p class="xlarge">المظهر النهائي للقيمة x-large</p>

  <p class="xxlarge">المظهر النهائي للقيمة xx-large</p>
</body>
```

ملف CSS:

```
.xxsmall {
      font-size: xx-small;
}
.xsmall {
      font-size: x-small;
}
.small {
      font-size: small;
}
.medium {
      font-size: medium;
}
.large {
      font-size: large;
}
.xlarge {
      font-size: x-large;
}
.xxlarge {
      font-size: xx-large;
```

```
}
```

النتيجة:

الشكل 10-1

2. وحدة القياس بكسل

في هذه الطريقة يتم تحديد حجم النص بأرقام عادية تقاس حسب وحدة القياس بكسل. وقد سبق وذكرنا أن الحجم الافتراضي للنص هو 16 بكسل لذا لن يكون من الصعب عليك التنبؤ بمقدار حجم الخط المناسب لموقعك، فالحد الأوسط سيكون من 16 إلى 20 للنصوص و من 20 إلى 30 للعناوين. و يمكنك الزيادة على ذلك واختيار الحجم التي ترغب به وسيقوم المتصفح بتطبيق ما تملي عليه دون زيادة ولا نقصان. والآن لنستعرض مثالا عن هذه الطريقة:

ملف xhtml:

```
<body>
  <h3>ضمان النجاح</h3>
  <p>لكي تضمن نجاحك، تصرف كأن الفشل من المستحيلات.</p>
</body>
```

ملف CSS:

```
h3 {
        font-size: 30px;
}
p {
        font-size: 18px;
}
```

النتيجة:

الشكل 10-2

3. التعريف بوحدة القياس em

هذه الطريقة تشبه تماما الطريقة السابقة إلا أن وحدة القياس هذه المرة (em) تأخذ أرقام عشرية عكس px وذلك بسبب أحجامها الكبيرة إذ القيمة em1 تعد حجم كبير أما الحجم المتوسط فهو em 0,7 بينما em 2 سيبدو عملاق جدا. ويمكنك تجربة هذه الوحدة باستخدام نفس المثال السابق.

4. التعريف بالنسبة المئوية

من السهل جدا التعامل مع هذه الطريقة حيث النسبة 100٪ توازي الحجم الافتراضي (أي ما يوازي px16) وإذا أردنا تكبير النص نزيد النسبة مثلا (150٪) أو ننقصها لتقليل الحجم مثلا (80٪). ويمكنك تجربة هذه الوحدة أيضا باستخدام نفس المثال السابق.

نوع الخط

من المؤكد أن حجم الخط يرتبط بنوعه ارتباطا وثيقا لذا يجب الحذر عند اختيار كلا من نوع الخط وحجمه، ليس هذا فحسب بل نوع الخط الذي يتم اختياره لا بد أن يكون متوفرا على حاسوب الزائر وإلا لن يتعرف عليه المتصفح لهذا أيضا ينصح عند اختيار نوع الخط أن نحرص على اختيار الخطوط التي يتم تثبيتها مع نظام الويندوز حتى نتجنب تجاهل المتصفح للخط المختار لعدم توفره في حاسوب الزائر.

نستخدم الخاصية font-familly لتحديد نوع الخط أما قيمها فأسماء الخطوط على سبيل المثال:

- Arial

- Arial Black

- Comic Sans MS

- Courier New

- Georgia

- Impact

- Times New Roman

- Trebuchet MS

- Verdana

هذه بعض النماذج عن أنواع الخطوط التي يتم تثبيتها تلقائيا مع أنظمة ويندوز من شركة مايكروسوفت. ويمكن العودة إلى المجلد font الموجود على لوحة التحكم للاطلاع على المزيد من أسماء الخطوط أو حتى فتح برنامج ميكروسوفت وورد الذي سيسمح لك بتجربة بعض الخطوط قبل استخدامها.

من الممكن تحديد أكثر من خط واحد بحيث يكون الأولوية للخط الأول فإن لم يجده المتصفح على حاسوب الزائر يأتي للخط الثاني وإلا فالخط الثالث وهكذا.

ويستحسن فعل ذلك فبهذا سيستبعد وقوع مشكلة عدم توفر الخط في جهاز الزائر كما ويستحسن إضافة كلمة sans-serif آخر قائمة الخطوط المختارة إذ تعني هذه الكلمة: قيام المتصفح باختيار خط من الخطوط القياسية المتوفرة على جهاز الزائر في حال لم يتعرف على أي خط من الخطوط المختارة. ويعود هذا الأمر بفائدة كبيرة جدا عندما يمتلك الزائر نظام ويندوز قديم أو أي نظام آخر لا يتوفر عنده الخطوط المحددة، إذ يقوم المتصفح باختيار خط مناسب ضمن ملفات خطوط نظام حاسوب الزائر.

لاختيار أكثر من خط يتم الفصل بين الخطوط بفاصلة مع وضع الخط بين علامتي تنصيص عندما يتكون الخط من كلمتين منفصلتين كما يلي:

font-family: "Arial Black", Arial, Verdana, sans-serif ;

وفيما يلي تعديل تنسيق المثال الأخير: تحديد نوع الخط:

```
h3 {
        font-size: 30px;
        font-family:  tahoma, Arial, "Arial Black",  sans-
serif;
}
p {
        font-size: 18px;
        font-family: "Courier New", "Comic Sans MS", sans-
serif;
}
```

الشكل 10-3

10.2 المحاذاة والازاحة

10.2.1 المحاذاة

يقصد بالمحاذاة الجهة التي سيظهر فيها النص إذا ما كانت اليمين، الوسط، اليسار أو ضبط النص لتناسب المساحة المتوفرة. ويمكننا تحديد جهة ظهور النص باستخدام الخاصية text-align التي تأخذ القيم التالية:

- left : إظهار النص جهة اليسار
- Center : توسيط النص
- right : إظهار النص جهة اليمين
- Justify : ضبط النص لتناسب المساحة المتوفرة

```
<body>
  <h2>لدي حلم I have a dream</h2>
  <p>من خطاب مارتن لوثر كينج في ال 28 من أغسطس عام 1963 : </p>

  <blockquote>
     <p> لديّ حلم أنه في يوم من الأيام ستنهض هذه الأمّة لتعيش معنًى عقيدتها الحقيقيّ : نؤمن
بهذه الحقيقة: أنّ كلّ الرّجال خُلِقُوا متساوين.. لديّ حلم أنه في يوم من الأيام وعلى تلال جورجيا
الحمراء سيكون أبناء العبيد و أبناء ملاك العبيد السابقين قادرين على الجلوس معا على مائدة إخاء..
لدي حلم أنه في يوم من الأيام أنه حتّى ميسيسبي التي تتصبّب عرقًا من حرارة الظلم والاضطهاد
ستتُحَوَّل إلى واحة حرّيّة وعدالة.. لديّ حلم أنّ أطفالي الأربعة سوف يعيشون في يوم من الأيام في
دولة لن تعاملهم بلون جلدهم لكنّ بمحتويات شخصيّتهم.. لديّ اليوم حلم.  </p>
  </blockquote>
  <p class="by">مارتن لوثر كينج</p>
</body>
```

نتيجة الصفحة من دون تنسيقات CSS.

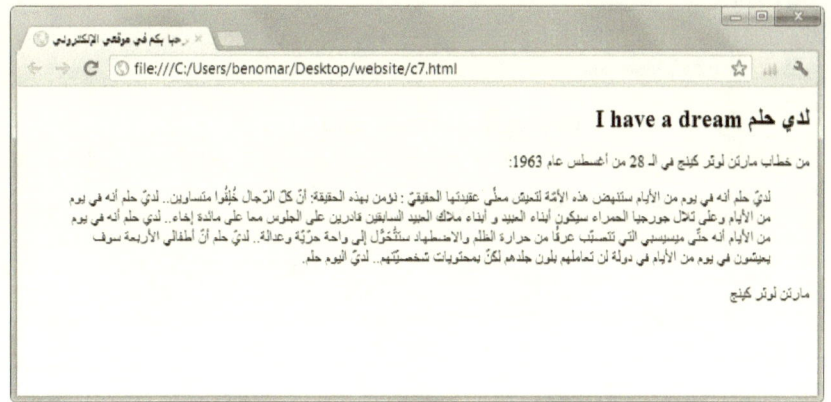

الشكل 4-10

ملف CSS:

```css
h2 {
    text-align: center;
    font-family:  tahoma, "Arial Black",sans-serif;
}
blockquote {
    text-align: justify;
    font-family: "Courier New", Arial, sans-serif;
}
.by {
    text-align: left;
    font-size: 120%;
}
```

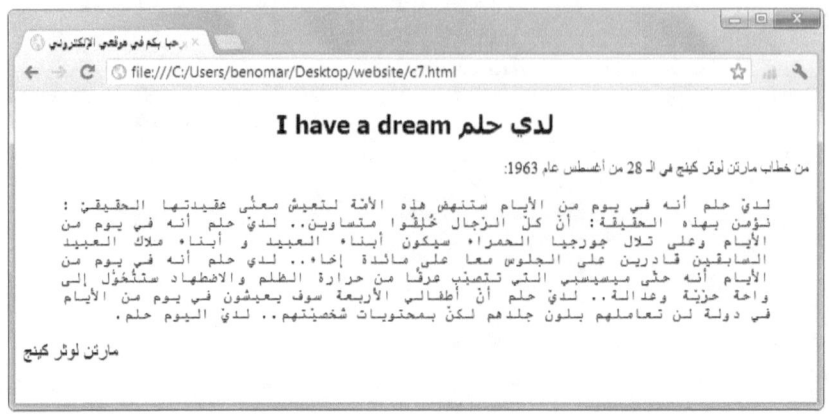

الشكل 10-5

انتبه لا يمكن تحديد جهة النص بالنسبة للوسوم الداخلية كـ span أو b فهي تأخذ جهة الوسم الخارجي له p

10.2.2 الازاحة

إذا لاحظت في المثال السابق فقد استخدنا في اقتباس خطاب مارتن لوثر كينج وسم الاقتباس <blockquote> <blockquote/>وقد قلنا أن الوسم blockquote يزاح محتواه نحو جهة اليسار إذا كان اتجاه النص من اليمين إلى اليسار والعكس بالعكس إذا كان جهة النص من اليسار إلى اليمين فيتم تطبيق الإزاحة نحو اليمين. كل هذا سبق وتحدثنا عنه لكن ما أريد الوصول إليه هو أنه يمكن تطبيق إزاحة للسطر الأول من الفقرة بنفس المبدأ الذ يعمل به إزاحة الاقتباس لكن هذه المرة يضاف الإزاحة عن طريق CSS .

لإزاحة السطر الأول من الفقرة نستخدم الخاصية text-indent ثم نعطيها قيمة مسافة الإزاحة مقدرة بوحدة القياس بكسل أو بالنسبة المئوية كما يلي:

```
p {
      text-indent: 50px;
}
```

10.3 الطراز والزخرفة

رأينا في الدروس الأولى أن استخدام الوسم em يجعل النص مائلا بينما الوسم strong يجعل النص أسود عريض. وبما أننا قلنا أن استخدام xhtml يكون لإضافة المضمون فقط دون التنسيق فإنه لا يجب أن يكون الدافع وراء استخدام em و strong هو التنسيق المبدئي لكل منهما، بل يجب استخدامهما لتحديد مجموعة معينة من الكلمات المهمة بغاية تنسيقها كلها فيما عن طريق CSS. كأن نستخدم em مثلا مع جميع أسماء الأشخاص الواردة في النص.

أما لتطبيق إمالة أو اظهار نص بالأسود العريض كتنسيق فهو من مهام لغة CSS يمكن تطبيقها مع أي عنصر من نوع نصي، كما ويمكن ازالة الامالة الافتراضي للوسم em أو التنسيق الافتراضي للوسم strong.

1. نستخدم الخاصية font-style لإمالة النص كما تفعله الوسم em تماما وتأخذ القيم التالية:

- Italic: أي إمالة النص

- Oblique: هذا نفس السابق يجعل النص مائلا ولا فرق ملحوظ بينهما

- Normal: أي جعل النص عادي (وتستخدم لإزالة التنسيق الافتراضي للوسم em.)

2. نستخدم الخاصية font-weight لإظهار النص بالأسود العريض كما تفعله الوسم strong تماما وتأخذ احدى القيمتين التاليتين:

- Bold: أي جعل النص غامض

- Normal: أي جعل النص عادي (وتستخدم لإزالة التنسيق الافتراضي للوسم strong.)

3. نستخدم الخاصية text-decoration لتزيين وزخرفة النص كتسطير وشطب، أو وضع خط فوقها إضافة لإمكانية جعل النص يظهر ويختفي وتأخذ احدى القيم التالية:

- Underline: تسطير النص

- line-through : شطب النص
- overline خط فوقي
- Blink ومض النص أي يظهر ويختفي
- none: لا شيء أي جعل النص عادي

ملاحظة ومض النص لا يعمل إلا مع متصفح فيرفكس.

```
<body>
  <p class="under">تسطير النس Underline</p>

  <p class="through">شطب النص line-through</p>

  <p class="over">خط فوق النص overline</p>
</body>
```

ملف CSS:

```
p {
       font-size: 30px;
}
.under {
       text-decoration: underline;
}
.through {
       text-decoration: line-through;
}
.over {
       text-decoration: overline;
}
```

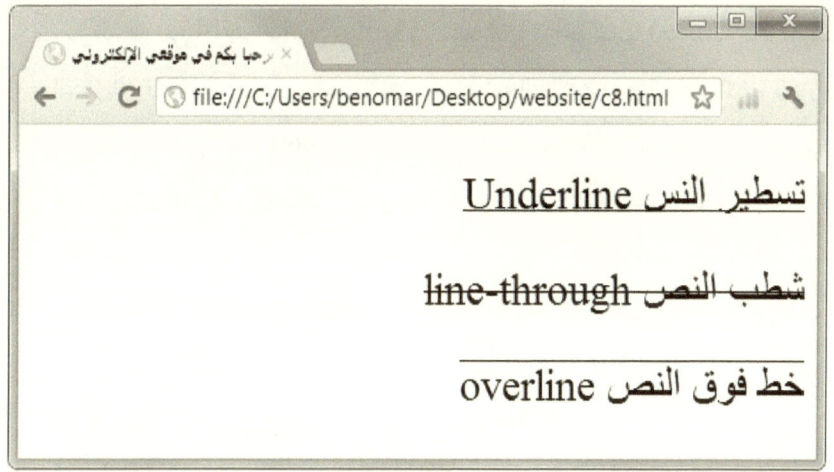

الشكل 10-6

10.4 تنسيق القوائم جهة CSS

10.4.1 إزالة إزاحة القائمة

تسمح الخاصية list-style-position بتحديد محاذاة النص عندما يعود المؤشر إلى السطر (أي عندما يتكون نص العنصر من أكثر من سطر واحد كما يبينه الشكل 10-1):

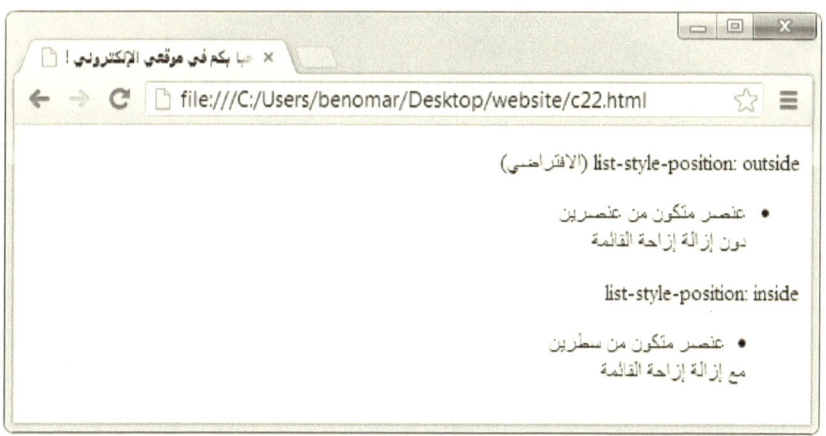

الشكل 10-7

تبين القائمة الأولى في الشكل 10-1 الكيفية التي يظهر عليها النص بالشكل الافتراضي عندما يتكون

نص العنصر من أكثر من سطرين حيث يظهر السطران بالإزاحة نفسها (هنا بداية كلمة "عنصر" في السطر الأول وكلمة "دون" في السطر الثاني) أما القائمة الثاني تحتها مباشرة فتبين كيفية ظهور النص بعد تطبيق الخاصية list-style-position مع القيمة inside لإزالة الازاحة حيث تبدأ نص السطر الثاني تحت المعرف مباشرة كما نرى ذلك مع السطر الثاني للقائمة الثانية "مع إزالة إزاحة القائمة".

نستخدم الخاصية list-style-position مع القيمتين out (الافتراضي) لإزاحة النص الذي تحت السطر الأول ليبدأ حيث بدأ السطر الأول، أو مع القيمة inside لإزالة الازاحة كي يبدأ النص تحت المعرف مباشرة، وفيما يلي الأوامر المستخدمة في الشكل 10-1.

أوامر xhtml:

```
<p>list-style-position: outside (الافتراضي)</p>
<ul class="out">
  <li>عنصر متكون من عنصرين<br />دون إزالة إزاحة القائمة
  </li>
</ul>
<p>list-style-position: inside</p>
<ul class="in">
  <li>عنصر متكون من سطرين<br />مع إزالة إزاحة القائمة
  </li>
</ul>
```

أوامر CSS:

```
.out {
       list-style-position: outside;
}
.in {
       list-style-position: inside;
}
```

نتيجة هذا المثال هي نفس النتيجة في الشكل 10-1.

10.4.2 تغيير المعرف الافتراضي

نقصد من تغيير المعرف الافتراضي؛ استبدال الدائرة الممتلئة التي تظهر بداية كل عنصر بشيء آخر بالنسبة للقوائم الغير المنظمة، أو بترقيم مختلف عن الأرقام العادية بالنسبة لنوع القوائم المنظمة. في حالة القوائم الغير المنظمة يمكن استبدال النقطة السوداء بـ: مربع صغير أو دائرة مفرغة أما في حالة القوائم المنظمة فيمكن استبدال ترتيب الأرقام بأحرف أو بأرقام من النوع اللاتيني أو بأرقام من نوع آخر كما سنرى ذلك في المثال رقم ().

نستخدم الخاصية list-style-type مع كلا نوعي القوائم (منظمة أم غير منظمة) لتغيير نوع معرف القائمة أو نوع الترتيب لكن بالطبع لكل نوع من أنواع القوائم قيم مختلفة على الآخر وفيما يلي ذكر تلك القيم حسب نوع القائمة:

- قيم القوائم الغير المنظمة <ul>:
  - disc : دائرة ممتلئة (الافتراضي)
  - circle: دائرة مفرغة
  - square: مربع
  - none: لا شيء أي يظهر القائمة دون أي ممثل له
- قيم القوائم المنظمة <ol> :
  - decimal : أرقام عادية (1, 2,3...) الافتراضي
  - Decimal-leading-zero : أرقام عادية صفرية (01, 02, 03...)
  - arabic-indic: أرقام عربية عادية
  - Upper-roman : أرقام لاتينية كبيرة (I, II, III...)
  - Lower-roman : أرقام لاتينية صغيرة (i, ii, iii...)
  - Upper-alpha : أحرف أبجدي إنكليزي كبيرة (A, B, C...)
  - lower-alpha: أحرف أبجدي إنكليزي صغيرة (a, b, c...)
  - lower-greek: الترقيم الغريك

والآن لنأخذ على كل تلك القيم مثال واحد شامل يبين نتائجها الفعلي عند التطبيق:

أوامر xhtml:

```
<ul class="daira">
```

```
    <li>تفاحة</li>
</ul>
<ul class="moraba3">
    <li>تفاحة</li>
</ul>
<ul class="lashai">
    <li>تفاحة</li>
</ ul >
<ol class="arkam_araby">
    <li>العنصر الأول</li>
</ol>
<ol class="ahruf_sakhir">
    <li>العنصر الأول</li>
</ol>
<ol class="ahruf_rumani">
    <li>العنصر الأول</li>
</ol>
```

يرجى الملاحظة أنني قمت بالاقتصار على عنصر واحد li في كل قائمة ul أو ol.

أوامر CSS:

```
.daira {
      list-style-type: circle;
}
.moraba3 {
      list-style-type: square;
}
.lashai {
      list-style-type: none;
}
.arkam_araby {
      list-style-type: arabic-indic;
```

```
}
.ahruf_sakhir {
     list-style-type: lower-alpha;
}
.ahruf_rumani {
     list-style-type: upper-roman;
}
.ahruf_greki {
     list-style-type: lower-greek;
}
```

النتيجة هي:

الشكل 8-10

الشكل 10-9

10.4.3 تمثيل المعرف بصورة

لنقل أن ذوقك رفيع – وهذا يناسبني – اطلعت على القيم السابقة فلم تجد ما يشبه ذوقك وبالتالي تتساءل حول امكانية وكيفية انشاء ممثل خاص بك ؟

حسنا – يا مبدع – من الممكن تعريف القوائم غير المنظمة بصورة بدلا من المعرفات الافتراضية لغة CSS وذلك باستخدام الخاصية list-style-image لتعريف الصورة التي ستتمثل كمعرف للقائمة. ولن أمل من التكرار أنه كلما أردنا تعريف صورة في ملف CSS فربما يختلف نوع الخاصية لكن كيفية تعريف الصورة لا تختلف بل تكون دائما على الشكل: url("imgname.png") وكذلك كيفية تحديد مسار الصورة حيث يتم ذلك وفقا لمكان ملف CSS وليس xhtml. وفيما يلي مثال استخدام معرف خاص.

أوامر xhtml:

```
<ul class="mo3arif">
```

```
    <li>تفاحة</li>
</ul>
```

أوامر CSS:

```
.mo3arif {
        list-style-image: url ("imgname.png");
}
```

النتيجة:

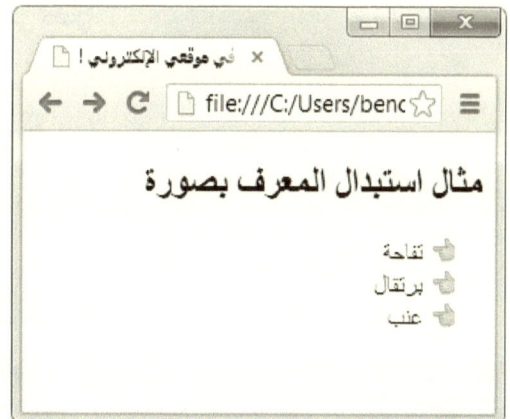

الشكل 10-10

11 الألوان وطرق إضافتها

يمكن تغيير لون مجموعة كبيرة من خصائص العناصر كتغيير لون النص وخلفيته أو خلفية كامل الصفحة أو حتى تغيير لون عنصر عند مرور الفأرة عليه، والأمر في غاية البساطة وربما تعرف الخاصية المستخدمة في ذلك وهو color إلا أن ما سيبدو معقدا ربما هي الطرق التي يمكننا بواسطتها تحديد قيمة اللون الذي نريده للعنصر، وهي كالتالي:

11.1 طريقة التسمية الاسمية

تعد التسمية الاسمية أسهل هذه الطرق ومعظم المبتدئين يحلمون به قبل أن يفاجؤوا بمحدوديتها وعدم قدرتها على تلبية حاجاتهم من الألوان إذ لا توفر هذه الطريقة سوى 16 لونا فقط، هي الألوان الأساسية. وقلَّ ما يستخدمها المصممون الخبراء. وعلى كل حال فيما يلي أسماء هذه الألوان:

اللون	المقابل العربي	اللون	المقابل العربي
white	أبيض	yellow	أصفر
silver	فضي	olive	زيتوني
gray	بني	blue	أزرق
black	أسود	navy	أزرق داكن
red	أحمر	fuchsia	أرجواني
maroon	أحمر داكن	aqua	أزرق فاتح
green	أخضر	teal	مزيج أزرق أخضر
Lime	أخضر فاتح	purple	بنفسجي

والآن لنأخذ المثال عن خطاب مرتن لوثر كينغ لتلوين بعض العناصر بحيث نعطي اللون الأزرق للعنوان واللون الأحمر لاسم الكاتب.

```
h2 {

     text-align: center;

     font-family:  tahoma, Arial, "Arial Black",  sans-
serif;

     color: blue;

}

blockquote {

     text-align: justify;

     font-family: "Courier New", "Comic Sans MS", sans-
serif;

}

.by {

     text-align: left;

     font-size: 120%;

     color: red;

}
```

النتيجة:

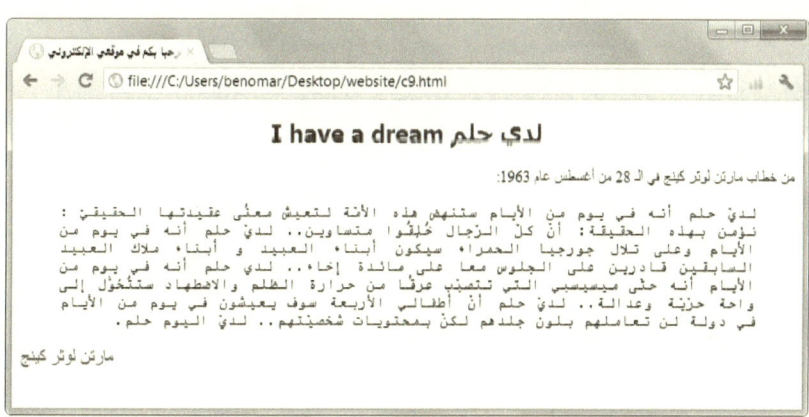

الشكل 11-1

11.2 طريقة التسمية السداسية

تعد هذه الطريقة الأكثر استخداما حيث يحتوي على ملايين الألوان لكن مع الأسف لم يكن من الممكن تسمية هذه الألوان بأسماء عادية كما في الطريقة السابقة لذا تم اتباع طريقة أسهل وأوفر في تعريف تلك الألوان هي طريقة التسمية السداسية.

من المعلوم أن أصل الألوان جميعها ثلاثة هي: (الأحمر، والأخضر، والأزرق) ولإيجاد أي لون نقوم بمزج تلك الألوان الثلاثة بنسب مختلفة لتوليد أي لون جديد. هذا هو الطريقة المتبع في CSS لتعريف قيمة اللون المراد وكل لون في CSS سيكون شبيها بـ #FF22AA.

إذ #FF22AA تمثل مزيج لمجموعة أحرف و أرقام تبدأ إجبارا بعلامة المربع # ثم مزيج الأحرف من a إلى f والأرقام من 0 إلى 9 بحيث تشير القيمتان الأوليتان لنسبة مزيج اللون الأحمر والقيمتان في الوسط لنسبة اللون الأخضر وأخيرا القيمتان المتبقيتين تمثلان نسبة مزيج اللون الأزرق.

وللعلم فإنه لا يوجد استراتيجية واضحة يمكن فهمها واتباعها لمزج الألوان. كل ما عليك معرفته هو أن المزيج البدائي #000000 يخص اللون الأسود. وللتجربة استبدلت موضع اللون الأحمر بالحرف Aفصار الرمز #AA0000 وعندما جربتها على المتصفح كان اللون الظاهر هو الأحمر ثم نقلت الحرف a لموضع اللون الأخضر أي #00AA00 وبالتجربة كان اللون أخضر ثم فعلت نفس الأمر مع موضع اللون الأزرق فكان النتيجة أزرق ما يدل على أن جميع الأحرف يمكن أن تحل محل الآخر لكن يبقى المزج فن يتقنها المصمم مع مرور الوقت.

وأخيرا يجب أن أعترف أنه يوجد محاولة لتسمية الألوان الأكثر استخداما كي نتمكن من استخدامها كالطريقة الأولى وقد توصل القائمة حتى الآن إلى 147 لونا لكن طول القائمة إضافة لطول بعض الأسماء (مثلا LightGoldenRodYellow) تجعل حفظ هذه الأسماء أمرا شبه مستحيل، لذا أنصحك بإضافة الرابطتين التاليتين في المفضلة عندك:

جدول رموز وأسماء الـ147 لونا الأكثر استخداما:

http://www.w3schools.com/CSSref/CSS_colornames.asp

جدول رموز تدرجات بعض الألوان:

http://www.w3schools.com/CSSref/CSS_colors.asp

لتجربة هذه الطريقة قم بالتعديل على نفس أوامر المثال في الطريقة السابقة وضع قيمة اللون حسب هذه الطريقة مثلا:

color :# CC6600 ;

11.3 طريقة rgb

ترمز rgb إلى الألوان الأساسية أحمر، أخضر وأزرق (Red Green Blue). تعمل هذه الطريقة كسابقه من حيث قصة مزج الألوان الثلاثة لكن هذه المرة باستخدام أرقام من 0 إلى 255 لكل نسبة كما يلي:

,120) ;240,160color: rgb(

لحسن الحظ هذه المرة يمكنك الحصول على مزيج ألوانك دون أن تجهد نفسك فبرنامج الرسام الذي ينزل تلقائيا مع نظام الويندوز يختار ألوانه بهذه الطريقة لذا بكل بساطة نستطيع الاستعانة به لمزج الألوان.

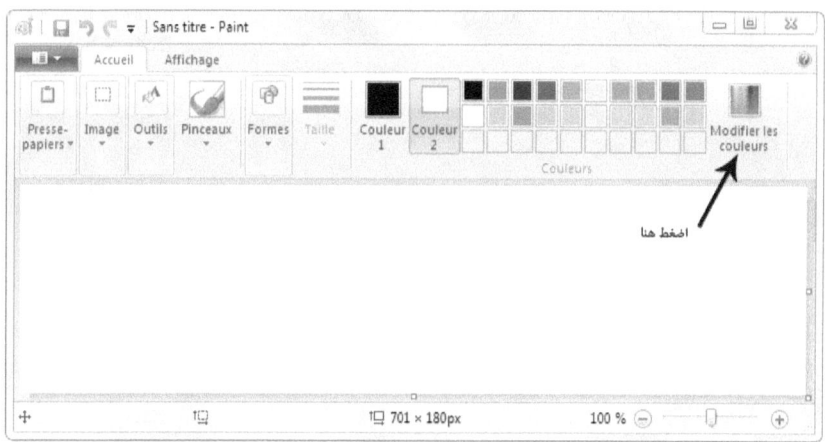

الشكل 11-2: أولا نقوم بالضغط على نافذة اختيار الألوان كما هو في الشكل.

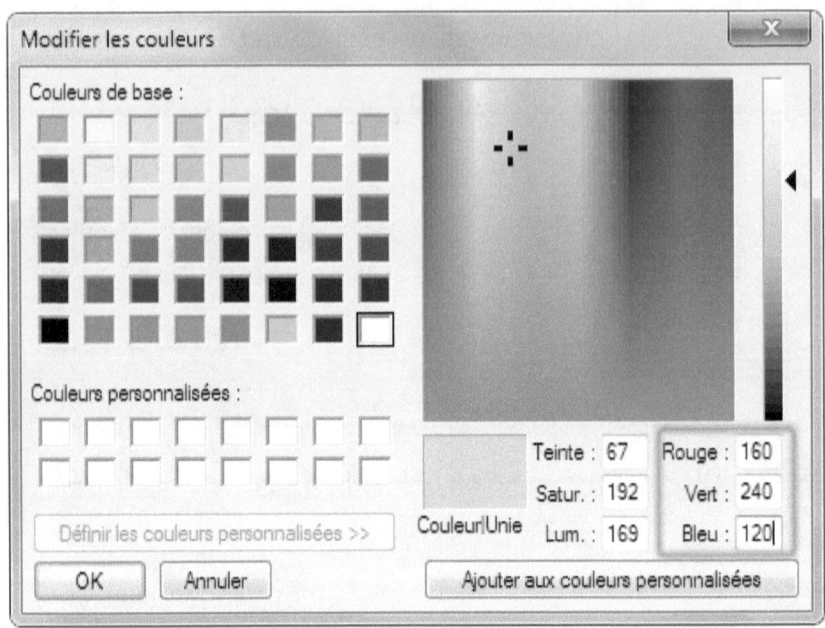

الشكل 3-11

القيم التي في المربع تشكل قيمة المزيج فالأولى هي حسبة اللون الأحمر (160) يليها نسبة اللون الأخضر (240) وأخيرا نسبة اللون الأزرق (120) وعلى هذا يكون تحديد القيمة كما يلي: color: rgb(160, 240, 120) ;

12 الخلفية

يمكن تغيير خلفية أي عنصر من عناصر xhtml سواء جعل خلفيته لون عادي أو صورة لكن قبل ذلك يجب علينا أن ننتبه لما نسميه « مفهوم الشمولية » ويعني أننا لو قمنا بتغيير خلفية عنصر ما فالنتيجة سيشمل جميع العناصر التي بداخله إذ ستأخذ نفس الخلفية. وبعبارة أخرى إذا أضفنا خلفية أخضر لعنصر نص p وكان داخل هذا العنصر مجموعة وسوم مثل strong، em أو وسم رابطة a فلون خلفية جميع هذه الوسوم ستكون الأخضر لأنها تقع داخل الوسم p أما لو أضفنا الخلفية للوسم الداخلي em مثلا فلن يؤثر ذلك على الوسم الخارجي p.

12.1 لون الخلفية

قلنا أنه إذا تم إضافة خلفية لعنصر ما فالعناصر داخله تأخذ نفس الخلفية وبما أن body هو الوسم الأول لصفحتنا والذي يحيط بجميع عناصر الصفحة فلا يخفى عليك أننا إذا أردنا تعديل لون خلفية الصفحة فسنقوم باستهداف الوسم body. وخاصية تعديل لون الخلفية سواء لعنصر أو لكامل الصفحة هي background-color يتم تحديد قيمتها (يعني اللون المراد) بإحدى الطرق السابقة الشرح كما هو في المثال التالي:

```
body {
        background-color: silver;
}
```

بالمناسبة لا يقتصر الشمولية على الخلفية فقط بل يتخطاه ليشمل كامل التنسيقات الأخرى فلو تم تلوين عنصر ما باللون الفضي مثلا فمحتوى الوسوم داخل تلك الوسم ستظهر كذلك باللون الفضي ما لم يخصص له تنسيق آخر، وينطبق هذا أيضا على body فأي تنسيق يوضع على الوسم body يتم تطبيقه على جميع عناصر الصفحة، أعود وأكرر بشرط عدم تخصيص تنسيق آخر للعناصر داخله.

مثال:

```
<body>
```

```
  <h1>عنوان من الدرجة الأولى</h1>
  <h2>عنوان من الدرجة الثانية</h2>
  <p> إذا سمعت الرجل
     <strong> يقول فيك من الخير ما ليس فيك </strong>
  فلا تأمن أن
  <strong> يقول فيك من الشر ما ليس فيك. </strong>
  </p>
</body>
```

ملف CSS:

```
body {
    background-color: silver;
    color : blue ;
}
h2{
    color: red;
}
strong{
    background-color: yellow;
}
```

في البداية تم إضافة خلفية فضي للصفحة مع تلوين جميع النصوص باللون لأزرق كل هذه من خلال استهداف الوسم body ما تعني أن الخلفية الافتراضية لأي عنصر في الصفحة ستكون اللون الفضي وكذلك اللون الافتراضي لجميع العناصر النصية ستكون الأزرق. ثم تم بعدها تعديل لون العنوان من الدرجة الثانية (h2) وإعطائها اللون الأحمر كما وتم تعديل لون خلفية العنصر strong وإعطائها القيمة أصفر.

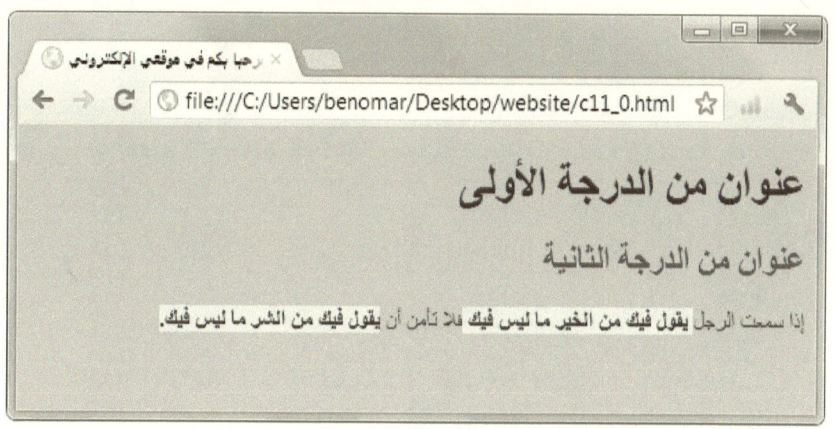

الشكل 12-1

12.2 استخدام صورة كخلفية

12.2.1 إضافة صورة خلفية

يمكن إضافة صورة كخلفية لأي عنصر كما يمكن إضافة صورة كخلفية لكامل الصفحة عن طريق استهداف الوسم body. الخاصة المستخدمة في تحديد صورة الخلفية هي, -background image، وصيغتها كالتالي:

background-image: url("image/bg.png");

تدل قيمة url على مسار المجلد الذي يحتوي على الصورة و يمكن أن يكون مجلد متواجدة في موقعنا أو في موقع آخر حينها نتوصل إليها من خلال رابطة الموقع مع ذكر مسار الصورة بالكامل.

نحسب مسار المجلد –في حال تواجد الصورة في موقعنا– باعتبار ملف CSS وليس ملف xhtml كما كنا نفعل عند إضافة صورة عادية كعنصر لملف xhtml.

مثال:

نعود ونستخدم مثال خطاب مارتن ونضيف صورة خلفية الصفحة على الوسم body كما يلي:

```
body {
background-image: url("image/MLKFreedom.png");
```

```
}
h2 {
	text-align: center;
	font-family:  tahoma, Arial, "Arial Black",  sans-
serif;
	color: blue;
}
blockquote {
	text-align: justify;
	font-family: "Courier New", "Comic Sans MS", sans-
serif;
}
.by {
	text-align: left;
	font-size: 120%;
	color: red;
}
```

النتيجة:

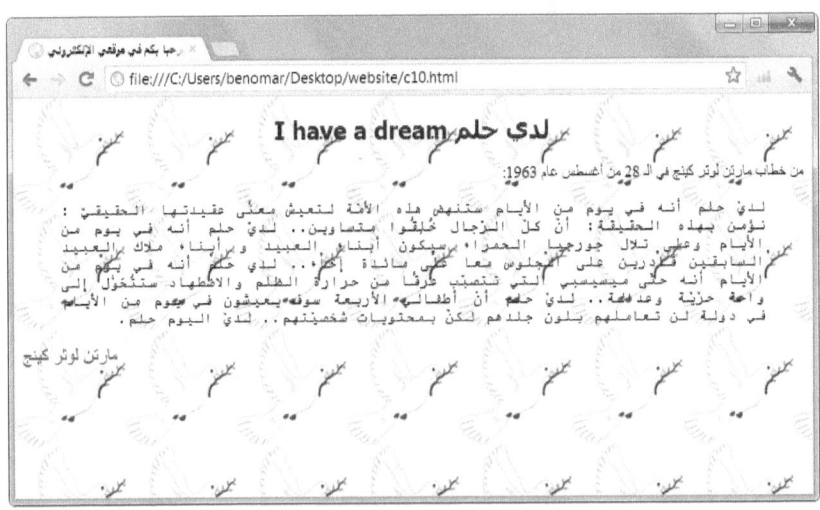

الشكل 2-12

12.2.2 تثبيت الخلفية من عدمه

تسمح لنا CSS بالتحكم بحالة صورة الخلفية إذا ما أردنا أن نجعلها متحركة بحيث تتحرك مع جميع عناصر الصفحة صعودا ونزولا أو إذا ما أردنا أن نجعلها ثابتة بحيث تتحرك العناصر دونها. ونستخدم الخاصية background-attachment لفعل ذلك مع القيمة fixed لجعلها ثابتة أو scroll لجعلها متحركة، وهي القيمة الافتراضية.

لتجربة هذه الخاصية يمكنك استخدام نفس المثال السابق مع اضافة السطر التالي على مجموعة التنسيقات الخاصة بالوسم body تحت background-image مباشرة كما يلي:

```
body {
background-image: url("image/MLKFreedom.jpg");
  background-attachment: fixed;
}
```

ملاحظ: يجب أن يكون النص كبير كي تلاحظ فاعلية هذه الخاصية.

12.2.3 تكرار الخلفية من عدمه

بالطبع لاحظت أن الخلفية يتكرر تلقائيا إلى أن يمتلئ كامل الصفحة لكن يمكن تعديل ذلك بحيث نجعله يتكرر عاموديا أو أفقيا أو يظهر فقط مرة واحدة دون تكرار، لفعل ذلك نستخدم الخاصية background-repeat مع إحدى القيم التالية:

- no-repeat: يظهر الصورة مرة واحدة دون تكرار
- repeat-x: تكرار الصورة عاموديا
- repeat-y: تكرار الصورة أفقيا
- repeat: تكرار الصورة عاموديا وأفقيا إلى أن يمتلئ الصفحة (القيمة الافتراضي)

لتجربة هذه الخاصية يمكنك إضافة الجملة التالية على مجموعة التنسيقات الخاصة بالوسم body كما يلي:

```
body {
background-image: url("image/MLKFreedom.jpg");
  background-attachment: fixed;
  background-repeat : repeat-y ;
```

```
}
```

النتيجة:

الشكل 12-3

12.2.4 موضع الخلفية

بقى هناك خاصية أخيرة مرتبطة بصورة خلفية الصفحة وهي background-position أي موضع أو مكان ظهور الصورة وهناك أسلوبان لبيان ذلك:

1. إما أن نقوم بتحديد مساحة تباعد الصورة عن يسار وأعلى الصفحة متمثلة في قيم رقمية بوحدة القياس px كما يلي:

```
background-position:70px 70px;
```

وتعني هذه: ظهور الصورة على بعد 70 بكسل من اليسار و70 بكسل من الأعلى. هناك قيد لاستخدام هذه الطريقة وهو أن يكون الصورة غير متكررة فالصورة المتكررة تملئ الفحة بالكامل لذا لا حاجة لتحديد موضع الصورة، أما إذا تكرر عاموديا أو أفقيا فإن القيمة الأولى التي ترمز لتباعد الصورة عن اليسار هي وحدها التي تعمل بينما القيمة الثانية التي ترمز لتباعد الصورة عن الأعلى لا يكون له أي فاعلية.

2. الطريقة الثانية هي أن نستخدم القيم التالية:

- top : فوق
- bottom : تحت
- left : يسار
- center : وسط
- right : يمين

ويمكن دمج قيمتين لتحديد الجهات فمثلا top left تعني اظهار الخلفية جهة اليمين أعلى الصفحة وأيضا bottom right تعني اظهار الخلفية: يمين أسفل الصفحة والمثال التالي يوضح كيفية ذلك:

```css
body {
background-image: url("image/MLKFreedom.jpg");
  background-attachment: fixed;
  background-repeat : no-repeat ;
  background-position: bottom left;
}
```

النتيجة

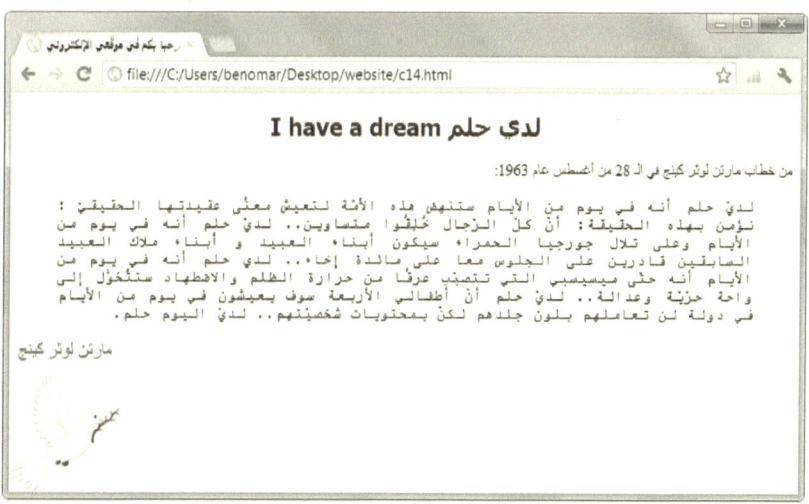

الشكل 4-12

12.2.5 اختصار خصائص الخلفية

عندما نشاهد خصائص الخلفية نجد أنها تبد دائما بكلمة background يليها اسم يدل على وظيفة الخاصية، إذا الفكرة هي أن نستخدم فقط كلمة background كخاصية نعطيها القيم المراد مع الفصل بينها بمسافة، فالخصائص السابقة مثلا تصبح عند اختصارها:

```
body {
      background: #f0fafc url("image/bg.png") no-repeat
bottom left fixed;
}
```

نتيجة هذا المثال سيكون نفس نتيجة المثال السابق لكن مع اضافة بسيطة وهي تلوين الجزء المتبقي من الخلفية باللون f0fafc# (للملاحظة: ليس هناك أي ترتيب في ذكر القيم وكذلك يمكن ذكر بعض القيم دون الأخرى).

13 تنسيق الروابط التشعيبية

13.1 الفئات المزيفات

لا أشك أنك رأيت في بعض المواقع أنه عندما نضع مؤشر الفأرة على احدى الروابط تتغير مظهره البدائي إلى مظهر جديد، ثم لا يلبث أن يعود إلى مظهره الذي كان عليه بمجرد ابعاد المؤشر عنه. هذا النوع من التنسيقات يتم انشائها باستخدام ما يسمى الفئات المزيفة.

تشبه الفئات المزيفات ما يلي:

```
a:hover{}
```

« a » هو وسم عادي (وسم إضافة رابط) أما hover فهي الفئة المزيفة وهو اسم تم حجزه مسبقا من قبل مبرمجي لغة CSS. حيث جميع أسماء الفئات المزيفات محجوزات مسبقة ولا دخل للمصمم في تسميتها، لا من بعيد ولا من قريب، إلا ما كان من تدخله في تسمية class أو id إذ من الممكن اقتران فئة مزيفة بإحدى تلك الخاصيتين كما سنرى ذلك فيما بعد.

13.2 تنسيق الروابط

13.2.1 التنسيق الأولي للرابط

أقصد بالتنسيق الأولي; المظهر الذي سيظهر عليه الرابط عند فتح الصفحة. وقد سبق ورأينا أن التنسيق الافتراضي لأي رابط: هو أن يظهر باللون الأزرق مع تسطير النص، لذا مهمتنا ستكون اعادة تنسيق الرابط، وأنا على درجة من اليقين تسمح لي أن أقول أنك قادر على فعل ذلك. فقد سبق وتحدثنا عن زخرفة النص - أي الخاصية text-decoration – حيث قلنا أنها تؤدي عدة وظائف منها تسطير النص لذا إذا كان لدينا رابط نصي مسطر وأردنا إلغاء الخط تحته فما علينا إلا أن نستخدم نفس الخاصية (text-decoration) ونعطيها القيمة none لإزالة التسطير. وبالنسبة للون لا أظنك

نسيت الخاصية color. وإن شئت يمكنك تغيير نوع الخط (font-style) وكذلك حجمه (font-size) وفيما يلي مثال بسيط يبين أهم التنسيقات الأولية:

ملف xhtml:

```
<body>
  <p>
    <a href="http://www.alkamaria.net">الرئيسة</a> |
    <a href="news.html">الأخبار</a> |
    <a href="contact.html">اتصل بنا</a>
  </p>
</body>
```

ملف CSS:

```
a {
      text-decoration: none;
      font-weight: bold;
      font-size: 18px;
      font-family: Arial, "Comic Sans MS", sans-serif;
      color: #666666;
}
```

النتيجة

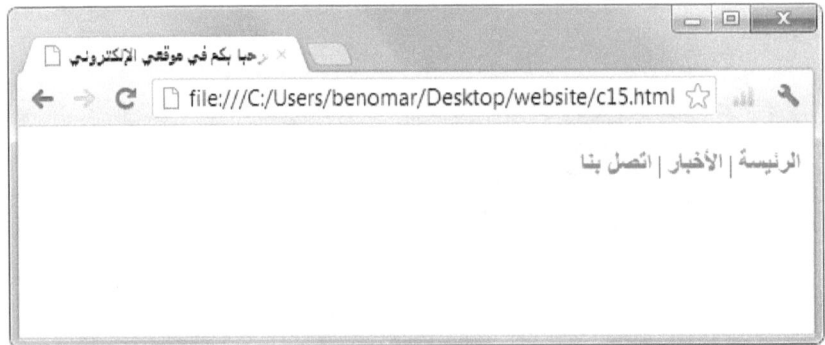

الشكل 13-1

13.2.2 عند مرور المؤشر

الحين جاء دور التطبيق العملي للفئات المزيفات وأول تطبيق سيكون مع الفئة المزيفة hover: والتي تعني (فوق أو على) ويتم إقرانها مع اسم الوسم أو إحدى الخاصيتين class أو id لتعني تطبيق التنسيقات عندما يكون المؤشر فوق العنصر المحدد.

لتنسيق الرابط عند مرور المؤشر نقوم بإقران الوسم hover: مع وسم انشاء الروابط a ثم نقوم بتحديد التنسيقات المراد كما في المثال التالي:

```
a:hover {
        text-decoration: underline;
        background-color: black;
}
```

ستكون نتيجة هذا المثال: اضافة خلفية سوداء للرابط عندما يكون مؤشر الفأرة فوقها مع تسطير للنص كما في الشكل التالي:

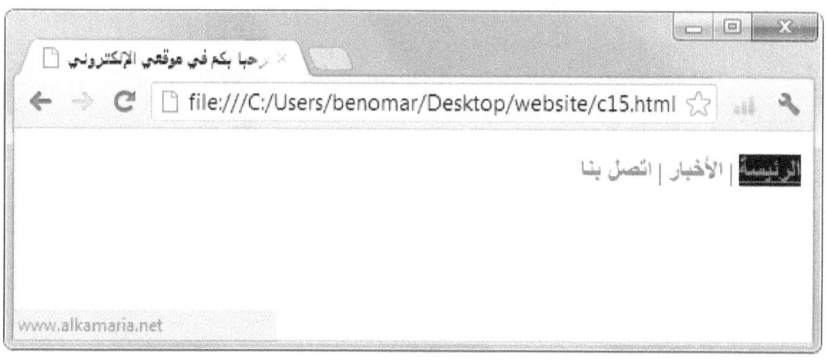

الشكل 13-2

13.2.3 عند نقر الرابط

هناك إمكانية تطبيق تنسيق مختلف يظهر عند النقر على الارتباط أي مجرد لحظات بين نقر وإفلات الفأرة وكثيرا ما لا يلاحظه الزائر. نستخدم الفئة المزيفة a:active لتعديل التنسيقات كما هو في المثال التالي:

```
a:active {
```

```
    text-decoration: none;
    font-size: 30px;
}
```

هناك فئة مزيفة آخر هي a:focus تستخدم بنفس الطريقة وتؤدي نفس وظيفة المثال السابق ولا فرق فعلي بينها وبين a:active ويمكنك تجربتها بنفسك حتى لا تتفاجأ في الدروس القادمة حيث سنستعرضها بشيء من التفصيل.

13.2.4 بعد زيارة الارتباط

من الممكن تطبيق تنسيق مختلف للارتباط التي تم زيارتها كما هو بالنسبة للتنسيقات الافتراضية عندما لا يتم التعديل عن أي من تنسيق الارتباط إذ يظهر التنسيق الخارجي بالأزرق بينما الرابطة التي تم زيارتها يظهر بالأزرق الفاتح، ويجدر الإشارة إلى أن معظم المصممين يطبقون على هذا الخيار نفس تنسيق الظهور الخارجي لكن أولا وآخرا لست مجبر على الاقتداء بهم يمكنك فعل ذلك كما يحلو لك.

لتغيير تنسيق ما بعد زيارة الارتباط نستخدم الفئة المزيفة a:visited كما يبينه المثال التالي:

```
a:visited {
    color: red;
}
```

أوامر متقدمة للتصميم

التحكم بشكل ظهور عناصر الصفحة

14   نموذج الصندوق

يستحيل على المصمم أن ينجز تصاميم ويب باستخدام xhtml و css دون أن يتقن ما يسمى بنموذج الصندوق، لذا سأطلب منك أن تكون من الآن انتباها عند قراءة هذا الجزء من الكتاب، فهنا يكمن فحو قدرات لغة css . ولكن قبل أن ندخل في عمق الموضوع دعنا نبدأ بالجانب النظري ولنتباحث معا عن مفهوم نموذج الصندوق.

لقد سبق مرارا وتكرار أن وصفت أن بعض الوسوم أنها داخلية وعن أخرى أنها خارجية. إذا كنت تتذكر ذلك وفهمت كذلك المقصود فهنيئا لك، وإلا فهذه فرصتك لتستدرك ما فاتك.

يعتبر الوسم خارجي عندما يبدأ ظهور محتواه في أول السطر الذي تحت العنصر السابق له، بينما يعتبر داخلي عندما يظهر محتواه مكملا للعنصر السابق له (أي يبدأ محتواه حيث انتهى محتوى العنصر السابق له دون العودة إلى السطر). فلو أن صفحة ويب يبدأ بعنوان h1 متبوعا بفقرة نص p فإن كلا من العنوان وفقرة النص سيبدآن كل واحد منها في سطر جديد تحت بعضها البعض، والآن عندما نقوم بإضافة وسم em داخل الفقرة p فإنه سيظهر محتواه كتابع لمحتوى الفقرة (وهو كذلك فعلا) دون العودة إلى السطر كما يبينه الشكل التالي:

```
<h1> عنوان صفحة الويب <h1/>

<p> محتوى فقرة نص، محتوى فقرة نص
<em>هذا محتوى فقرة نص مائل<em/>
محتوى فقرة نص، محتوى فقرة نص<p/>
```

الشكل 14-1

نرى جيدا في هذا الشكل أن الوسم h1 تشكل ما يشبه الصندوق وأنه عندما أضفنا الوسم p فإنه قد بدأ محتواه في أول السطر التالي تاركا فراغا بينها وبين العنوان، بينما أنه عندما أضفنا الوسم em فإنه

ظل متابعا لمساحة الوسم p وهكذا يكون لدينا في هذا الشكل وسمان خارجيان هما h1 و p ووسم ثالث داخلي هو em.

نستنتج من هذا أن مفهوم الصندوق يدل على المساحة التي يستحوذ عليها الوسوم الخارجي، حيث يتشكل لدينا ما يشبه الصندوق مما يسمح لنا بالتحكم بهذه المساحة كتعديل طولها وعرضها.

قد يتبادر إلى ذهنك أن سبب عدم ظهور محتوى الوسم em في أول السطر التالي هو كوننا أضفناه داخل الوسم p وليس خارجه (بعد <p/>). هذا المنطق خاطئ تماما إذ لو أننا استبدلنا مكان em بأي وسم آخر من نوع خارجي كـ h1 أو p فإن النص: "هذا محتوى فقرة نص مائل" كان سيظهر في أول السطر التالي، إذا فالسبب الوجيه هو كون em هو وسم داخلي.

14.1 حجم الصندوق

أقصد من حجم الصندوق كل من الطول والعرض ويتم حسابهما بوحدة القياس بكسل (px) أو بالنسبة المئوية (٪) أما عن الخاصيتين المستخدمتين لفعل ذلك فهما width لتحديد العرض (يمين يسار) و height لتحديد الطول (فوق لـ تحت).

ويجدر الاشارة إلى أن الحجم الافتراضي للصندوق هي 100٪ لكل من الطول والعرض لذا نرى في مثال الوسم p أن النص يملأ كامل عرض وطول الصفحة إلى أن ينتهي النص المدخل كما هو واضح فيما يلي:

مثال:

```
<p> قم باستبدال هذا النص بنص طويل على الأقل أربعة أسطر <p/>
```

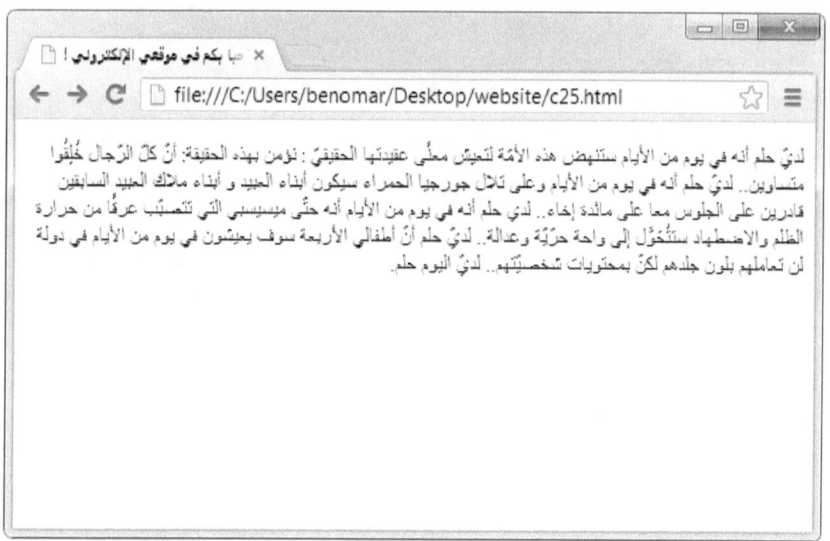

الشكل 2-14

والآن دعنا نأخذ نفس المثال السابق لكن هذه المرة مع التعديل على حجم صندوق الوسم p كما يلي:

أوامر CSS لتعديل حجم صندوق الوسم p :

```
p {
	width: 400px;
	height: 100px;
	text-align: justify;
}
```

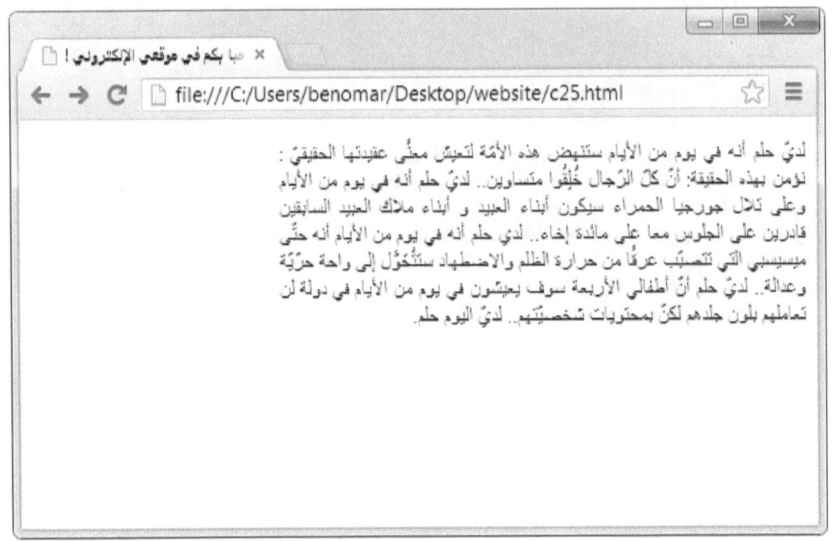

الشكل 14-3

من الممكن تحديد حجم الصندوق بصيغة أخري على النحول الآتي:

- max-width: أكبر عرض ممكن
- min-width: أصغر عرض ممكن
- max-height: أكبر طول ممكن
- min-height: أصغر طول ممكن

عندما نقوم بتحديد حجم الصندوق على هذا النحو (max-width : 400px ;) فهذا يعني أنه لا يمكن للصندوق أن يتعدى الـ 400 بكسل مهما كان حجم محتواه، وفي الجانب الآخر عندما نقوم بتحديد حجم الصندوق على النحو (min-width : 400px ;) فهذا يعني أن الحد الأدنى لحجم الصندوق هي 400 بكسل ولا يمكن في أي حال من الأحوال أن يكون أصغر من ذلك (حتى وإن كانت فارغة)، وأخيرا يجري هذا المنطق نفسه على خاصيتي الطول max-height و min-height.

الخاصية overflow

في المثال السابق الأخير تم تحديد طول الصندوق بـ 100 بكسل لكن عندما ننظر إلى النتيجة (14-1) نجد أن طول النص يتعدى الـ 100 بكسل فيا ترى أين الخلل ؟

في الحقيقة عندما نقوم بتحديد طول الصندوق بحجم أقل من المحتوى التي بداخله فإنه يتمدد تلقائيا لتوافق مع حجم المحتوى لذا إن كنا مصرين على الطول المحدد فلا بد من استخدام الخاصية overflow للتحكم بالجزء الزائد من المحتوى، وتأخذ احدى القيم التالية:

- visible: اظهار المحتوى مع تمديد طول الصندوق ليتوافق مع طول المحتوى (الافتراضي)
- hidden: اخفاء المحتوى الزائد (لا يلاحظ الزائر أي وجود لمحتوى مخفي)
- scroll: اضافة شريطي تمرير - جانبي وتحتي - يسمحان للزائر بالاطلاع على المحتوى الزائد.
- auto: أي أوتوماتيكي وتعني ترك خيار إضافة شريطي التمرير للمتصفح ليضعهما عند الحاجة.

يعتبر القيمة auto هي الأحسن من بين الكل والسبب واضح جدا بالنسبة للقيمتين visible و hidden أما بالنسبة للقيمة scroll فلأنه عندما نقوم باختيارها فإن المتصفح يقوم مباشرة بإضافة الشريطتين الجانبي والسفلي سواء كانت هناك محتوى زائدة أم لا أما عند اختيار القيمة auto فالغالب أن المتصفح سيقوم بإضافة الشريط الجانبي دون الشريط السفلي وذلك فقط عندما يكون هناك محتوى زائدة كما يوضحها المثال التالي:

```
p {
        width: 400px;
        height: 100px;
        overflow: auto;
        text-align: justify;
}
```

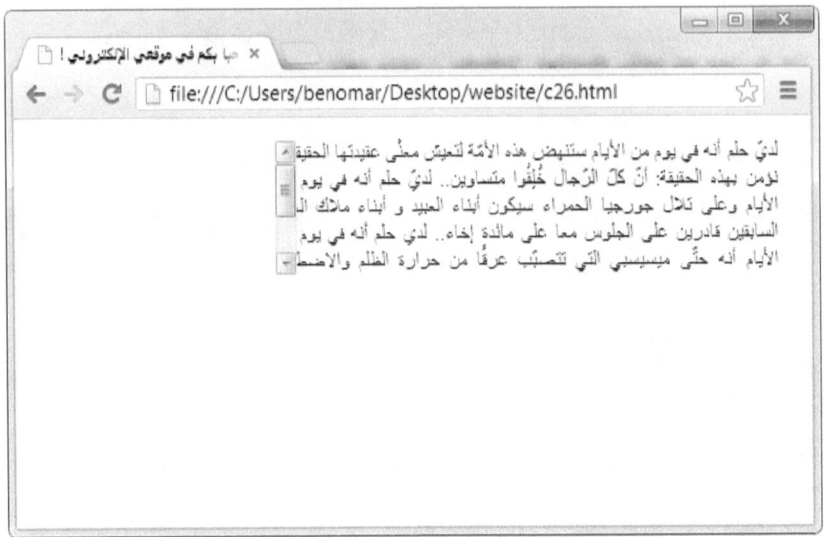

الشكل 14-4

14.2 حدود الصندوق

يوفر لنا css إمكانية وضع حدود لأي صندوق وكذلك التحكم بنوع وحجم ولون تلك الحدود أو حتى وضع حدود في بعض جوانب الصندوق دون الجوانب الأخرى كأن تضع حد للجانب الأيمن فقط أو الجانب الأيسر مع القسم العلوي.

للتحكم بحدود الصندوق نستخدم ثلاث خاصيات هي border-width لحجم الحدود و border-style لنوع الحدود وأخيرا border-color للون ولنبدأ بـ:

14.2.1 الحجم

يمكن لخاصية حجم الحدود border-width أن تأخذ قيمتها إما من القيم القياسية المعرفة مسبقا في لغة css أو أن تأخذ قيمة رقمية بوحدة القياس بكسل px. و القيم القياسية هي:

thin: صغير (تعادل 1 بكسل في متصفح فيرفكس وغوغل كروم بينما تعادل 2 بكسل في انترنت إكسبلورر)

medium : متوسط (تعادل 3 بكسل في متصفح فيرفكس وغوغل كروم بينما تعادل 4 بكسل في انترنت إكسبلورر)

thick : كبير (تعادل 5 بكسل في متصفح فيرفكس وغوغل كروم بينما تعادل 6 بكسل في انترنت إكسبلورر)

ملاحظة: عندما يتم تحديد حجم الحدود فإنه لا يكون له أي تأثير حتى يتم تحديد النوع لكن العكس عندما يتم تحديد النوع دون الحجم فالمتصفح يعتبر أن الحجم المحدد هو medium أي 3 بكسل في متصفح فيرفكس وغوغل كروم أو 4 بكسل في متصفح انترنت اكسبلورر.

مثال:

```
p {

        border-width: medium;

}
```

بما أنه لا يمكن لهذا المثال أن يعطي أي نتيجة ظاهرة على المتصفح فإني أجدني مضطرا أن أتحدث عن تحديد نوع الحدود ثم أقوم بعدها بسرد المثال الشامل.

14.2.2 النوع

يمكن لخاصية تحديد نوع الحدود (border-style) أن تأخذ قيمة واحدة من بين ثمان أنواع مختلفة للحدود هي كما يبينها الصورة التالية حيث يظهر كل قيمة ممكن داخل صندوق تمثل نتيجتها الفعلي على المتصفح:

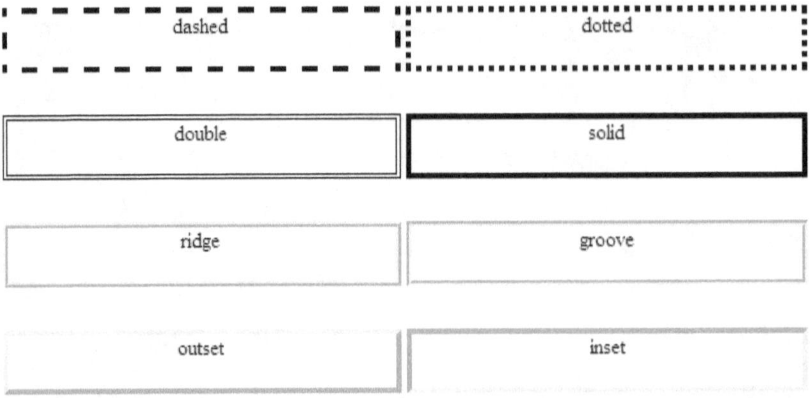

الشكل 14-5

الآن يمكننا الاتيان بمثال لكلا الخاصيتين وسنستخدم نفس أوامر المثال 25 مع تعديل ملف التنسيق css لتصبح كما يلي:

```
p {
        width: 400px;
        text-align: justify;
        Border-width: 2px;
        Border-style: solid;
}
```

ما يهمنا هنا هما الخاصيتان الآخرتان حيث قد سبق وتحدثنا عن الخاصيتين الأوليتين. قمنا في الأولى (Border-width) بتحديد حجم وسماكة الحدود بـ 2 بكسل أما في الثانية فقد قمنا بتحديد النوع solid (أي متماسك) كما يبينه النتيجة التالية:

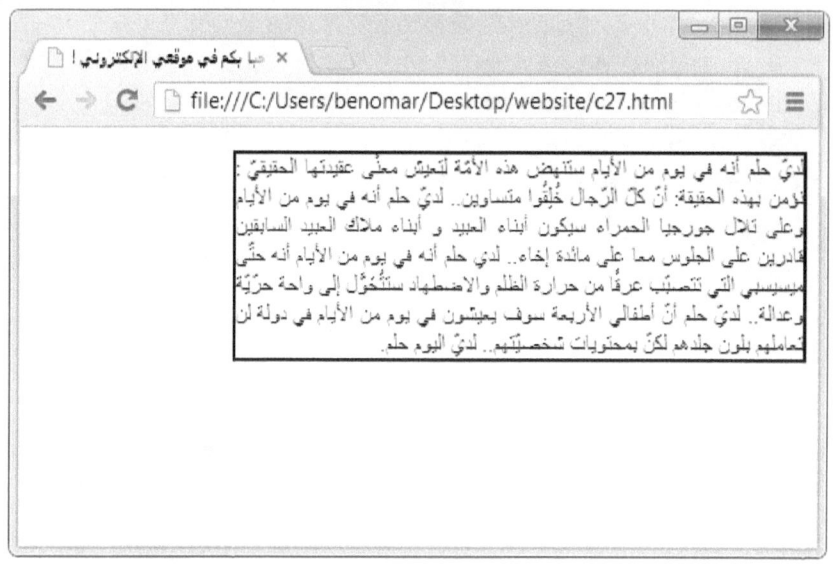

سبق وأشرت أنه يمكن اضافة حدود في جهة دون الأخرى، ولفعل ذلك نستخدم كلمة border ثم الجهة المراد إضافة الحدود لها ثم كلمة width، وبما أن جهات الصندوق أربعة فسيتولد لدينا أربع خصائص فرعية خاص بتحديد حجم الإطار هي:

border-left-width: سماكة إطار اليسار

border-right-width: سماكة إطار اليمين

border-top-width: سماكة إطار الأعلى

border-bottom-width: سماكة إطار الأسفل

لتحديد نوع اطار لجهة دون أخرى أو لتحديد أنواع مختلفة في نفس الصندوق يمكن اتباع نفس الأسلوب السابق مع الخاصية border-style ولتكن مثلا border-left-style لتحويل نوع اطار اليمين وهكذا مع باقي الجهات، كما في المثال التالي:

```
p {
	width: 400px;
	text-align: justify;
	Border-top-width: 2px;
```

```
        Border-top-style: solid;
        Border-right-width: 6px;
        Border-right-style: dotted;
        Border-bottom-width: 4px;
        Border-bottom-style: dashed;
        Border-left-width: 3px;
        Border-left-style: double;
}
```

النتيجة:

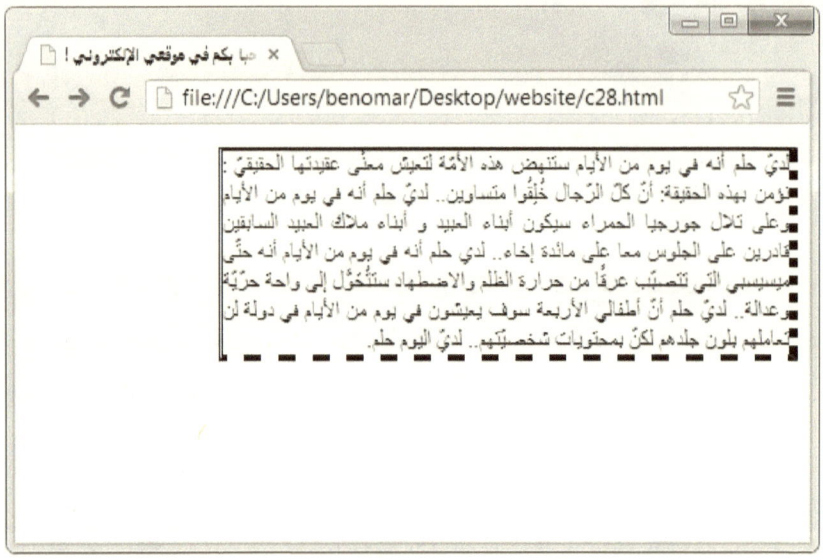

الشكل 14-7

لا تهتم كثيرا بالنتيجة فهدف هذا المثال ليس نتيجته بل النظر إلى كثرة الأوامر المكتوبة للحصول على هذه النتيجة البسيطة، ولكي أخبرك أنه يمكن اختصار تلك التكرارات المملة في سطرين بسيطين مع الابقاء على نفس النتيجة:

```
p {
        width: 400px;
        text-align: justify;
        border-width: 2px 6px 4px 3px;
        border-style: solid dotted  dashed double;
```

}

سواء اقتنعت أم لا فهذه الأوامر تؤدي لنفس نتيجة الأوامر السابقة ولتفهم ذلك دعني أقنعك. في الجملة border-width:2px 6px 4px 3px قمنا بإعطاء أربع قيم مختلفة للخاصية border-width كل قيمة تشير إلى سماكة أحد جهات الصندوق بدءا من: فوق-يمين-تحت-يسار حسب الترتيب ما يعني أن سماكة اطار الأعلى 2px واليمين 6px والسفلي 4px وأخيرا اليسار يساوي 3px ويمكنك اتباع نفس الأسلوب لتحليل قيم السطر الثاني من الأوامر السابقة، ثم تجربة الأوامر التالية للتمرن.

border-style: dotted solid double dashed;

dotted: فوق

solid: يمين

double: تحت

dashed: يسار

border-style: dotted solid double;

dotted: فوق

solid: يمين-يسار

double: تحت

border-style: dotted solid;

dotted: فوق-تحت

solid: يمين-يسار

border-style: dotted;

dotted: الجميع: فوق-يمين-تحت-يسار

ملاحظة: عندما يتم إضافة رابطة باستخدام صورة فإنه يتم وضع حدود على الصورة تلقائيا، وفي حال رغبنا بإزالتها – وهذا الغالب – فإننا نقوم باستخدام الخاصية border-style مع القيمة none وهكذا نقوم بالتخلص من الحدود.

14.2.3 اللون

نستخدم الخاصية border-color لتعيين لون الحدود وتعمل تماما كالخاصية color من حيث القيم، وينبغي الإشارة إلى أن الأساليب التي تحدثنا عنها في الفقرة السابقة عن border-width و border-style كلها يمكن أن تعمل مع border-color.

```
p {
        border-color: #FFAABB99;
}
```

14.2.4 اختصار أوامر تنسيق الحدود

من الممكن اختصار جميع خصائص التحكم بالحدود بطريقة سهلة وواضحة، ويتمثل ذلك في جمع جميع خصائص الحدود في جملة واحدة، سواء أردنا إضافة الحدود لجميع جوانب الصندوق أو لبعض جوانبه.

عند ملاحظة خصائص css الخاص بالتحكم بالحدود نجد أن جميعها تبدأ بكلمة border (أي إطار) تليها اسم نوع التحكم المراد تعديله ك width مثلا لتحديد سماكة الاطار أو style لتعيين نوعه، فالفكرة إذا هي: بما أن جميع هذه الخصائص تبدأ بكلمة border فلم لا نجعل كلمة border خاصية رئيسية تجمع قيم خصائصها الفرعية؟ هذا ما تم بالفعل حيث يوفر css إمكانية استخدام كلمة border وحدها كمعرف لجميع خصائص التحكم بالحدود تكون قيمها هي نفس قيم تلك الخصائص مفصلا بينها بمسافة بدء من سماكة الاطار ثم النوع وأخيرا الون كما هو مبين في المثال التالي:

```
p {
      Border: 5px solid red;
}
```

في هذا المثال سيتم تحديد حدود لجميع جوانب الصندوق بسماكة متساوية هي 5px من النوع المتماسك solid ويظهر باللون الأحمر red. أما للتعامل مع جهة معينة فإننا نذكر border متبوعا بالجهة المراد كما في المثال التالية:

```
p {
        border-left: medium dotted green;
}
```

في هذا المثال تم تحديد حدود اليسار بسماكة متوسطة (medium) من نوع الخط المنقط (dotted) وباللون الأخضر، وفي حال أردنا تحديد الحدود لغير جانب اليسار نبدل كلمة left بكلمة top (الأعلى) أو bottom (الأسفل) أو right (اليمين).

فائدة: إذا تم استخدام border لإضافة حدود لجميع جوانب الصندوق فمن الممكن استخدام border أسفلها مباشرة مع أحد الجهات ثم إعطائها القيمة none لترك تلك الجهة دون حدود وهكذا يظهر الحدود في الجوانب الثلاثة فقط.

14.3 الحشو والحاشية

يعد الحشو والحاشية من أصعب المفاهيم التي يحير معظم متعلمي css بالرغم أنها بسيطة جدا وغير معقدة إلا أن عدم فهم ديناميكية عملهما يؤدي بالنهاية إلى الحيرة والتعقيد وحتى نتجنب ذلك دعني أقول لك أن الحشو يتم عملها داخل العنصر ومحتواه أما الحاشية فيتم خارج العنصر مع ما يجاوره بجوانبه الأربعة سواء عناصر أم جوانب الصفحة الكلي والشكل التالي يوضح ذلك:

الشكل 14-8

يرمز المستطيل الكبير في هذا الشكل إلى متصفح الويب بينما المستطيلتين داخله ترمزان إلى عنصرين (صندوقين). والحاشية الخارجية تشير إليها السهام الكبيرة. وهي سبعة، ستة منها ترمز إلى الحاشية بين احدى جهات العنصرين مع اطار المتصفح (المستطيل الكبير)، أما السهم السابع في الوسط فيشير إلى حاشية خارجي أيضا لكن بين العنصرين. وأخيرا تشير كل أربعة أسهم في كل من المستطيلتين إلى الحشو داخل كل عنصر.

نستخدم الخاصية margin لتحديد الحاشية الخارجية، ونستخدم الخاصية padding لتحديد الحشو الداخلي، وللتوضيح أكثر دعنا نقوم بتطبيق الشكل السابق في مثال فعلي.

في البداية سنحتاج إلى ملف xhtml مع عنصرين p مع سطرين نص على الأقل. أما في ملف التنسيق CSS فسنقوم بتحديد حجم الصندوق بـ 400 بكسل مع إضافة حدود للصندوق وأخيرا نقوم بضبط النص.

ملف xhtml :

```
<p>قم باستبدال هذا النص بنص طويل على الأقل سطرين</p>
<p>قم باستبدال هذا النص بنص طويل على الأقل سطرين</p>
```

ملف CSS:

```
p {
	width: 400px;
	Border: 2px solid;
	text-align: justify;
}
```

النتيجة:

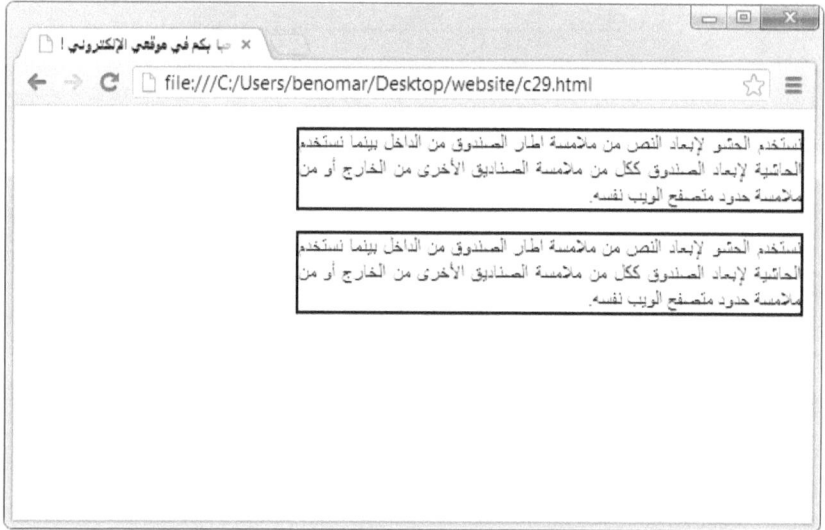

الشكل 14-9

نلاحظ من الشكل 14-3 عدم وجود حشو داخلي في كلا العنصرين وهذا ما جعل النص يلتصق بالحدود، أما عن الحاشية الخارجية فهناك حاشية افتراضية يتم إضافته بين العناصر بمقدار 2px وهذا ما جعل العنصرين p ينفصلان عن ببعضهما البعض كما أنه يسمح بالعودة لأول السطر بالنسبة للوسوم الخارجي.

والآن لإضافة حشو داخلي للمثال السابق قم بإضافة السطر التالي في ملف التنسيق CSS:

```
padding: 14px;
```

بعد تطبيق التنسيق الجديد نلاحظ في الشكل 14-4 ابتعاد النص من الحدود بمقدار الحشو المضاف
(14px).

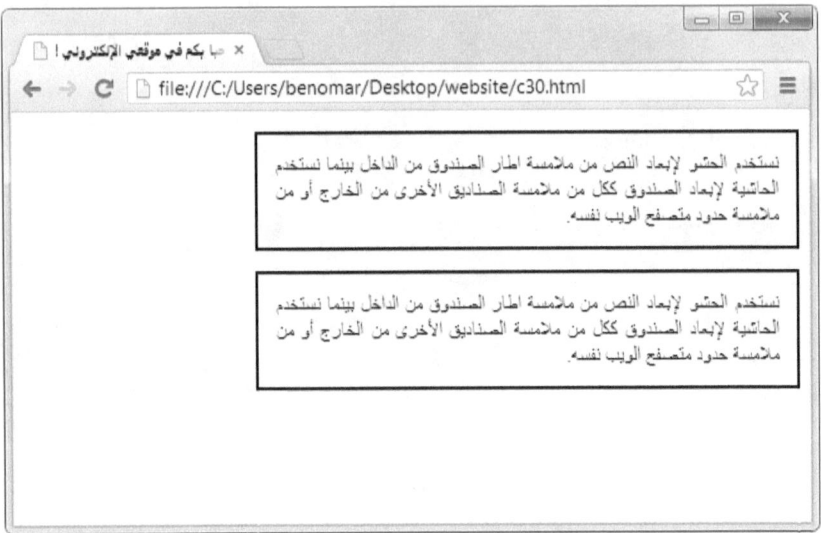

الشكل 14-10

وأخيرا قم بإضافة السطر التالي في ملف التنسيق لإضافة حاشية خارجية:

```
margin: 40px;
```

نلاحظ هذه المرة أيضا في الشكل 14-5 تباعد العنصرين عن محيط المتصفح وكذلك بعدهما عن
بعضها البعض.

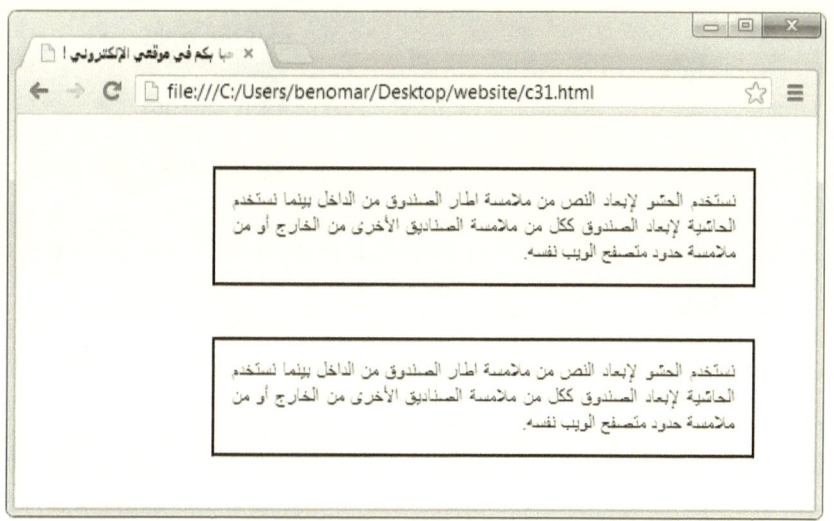

الشكل 14-11

ويجدر بنا الاشارة أنه عندما نقوم بإضافة الحشو والحاشية على النحو الذي فعلناه آنفا فإن المقدار المحدد يتم تحديده على الجوانب الأربعة للعنصر، ففي مثال الحشو السابق يتم ابعاد النص من حدود العنصر بمقدار 14 بكسل لكل جانب.

ثم يجب أن نعلم أنه يمكن إضافة حشو أو حاشية لإحدى الجوانب دون الأخرى وذلك بمجرد استخدام padding- أو margin- مع احدى الجوانب. وبما أننا نملك خاصيتين تعمل كل واحدة منهما مع أربعة جوانب فسينشئ لدينا أربع خصائص فرعية لكل خاصية هي كالتالي:

خصائص الحشو:

• padding-top: حشو الأعلى

• padding-right: حشو اليمين

• padding-bottom: حشو الأسفل

• padding-left: حشو اليسار

خصائص الحاشية

• margin-top: حاشية الأعلى

- margin-right: حاشية اليمين

- margin-bottom: حاشية الأسفل

- margin-left: حاشية اليسار

فائدة: إن الخاصية margin-left تشبه الخاصية text-indent التي تستخدم لإزاحة النص مع فارق بسيط لا تظهر إلا عندما يتم إضافة حدود للصندوق المراد إزاحته فعندها إذا استخدمنا text- indent سيتم إزاحة المحتوى فقط بينما إذا استخدمنا margin-left سيتم إزاحة المحتوى مع الحدود الخاص به لذا يمكنك الاستفادة من هذه الحيلة عندما تريد إزاحة صندوق نصي يحتوي على حدود.

14.4 توسيط الصندوق

قبل الشروع في توسيط أي صندوق فلا بد من تعيين حجم عرضه (width) فكما سبق وقلنا إن أي صندوق لم يخصص لعرضه أي حجم معين فإن حجم عرضه الافتراضي سيكون 100% وبالتالي يستحوذ على عرض كامل الصفحة إن كانت الوسم الأب له هو body، أو يستحوذ على كامل عرض الوسم الأب الخاص به. ولنقل مثلا أننا نملك صفحة ويب بداخله وسم div بعد الوسم body مباشرة ثم يوجد وسم h2 في داخل وسم الـ div، إذا يكون وسم الـ div ابنا للوسم body وفي نفس الوقت يكون هو الوسم الأب الخاص بالوسم h2.

```
<body>
  <div>
 <h2>      </h2>
  </div>
</body>
```

عندما لا نقوم بتعيين عرض الوسم div يتخذ من عرض المتصفح عرضا افتراضيا له (أي 100%). وبالنسبة للوسم h2 وباعتبار الحالة الأولى (أي عدم تعيين عرض الوسم الأب div) فإن h2 سيتخذ من عرض الوسم الأب div عرضا افتراضيا له، ما يعني أنه هو أيضا سيكون عرضها عرض الصفحة

100٪ أما لو تم تعيين عرض الوسم div بـ 300 بكسل فإن العرض الافتراضي للوسم h2 سيصبح هذه المرة 300 بكسل، شريطة عدم تعيين عرض هذا الأخير بحجم آخر.

لنعُد الآن إلى موضوعنا، كيف نقوم بتوسيط الصندوق ؟ حسنا، لن نستخدم خصائص جديدة بل سنستخدم الخاصية التي أنهينا دراستها للتو. نعم سنستخدم الخاصية margin مع القيمة أوتوماتيكي auto حيث سيقوم المتصفح بحساب المساحة المتبقية بعد طرح حجم عرض الصندوق ثم يقوم بتقسيم هذه المساحة إلى قسمين متساوتين يضيفهما أوتوماتيكيا كحاشية لليمين واليسار وهكذا يتواجد الصندوق في وسط الصفحة.

لتجربة هذا الموضوع قم باستخدام مثال الشكل 14-5 مع تعديل قيمة الخاصية margin إلى auto كما يلي:

```
margin: auto;
```

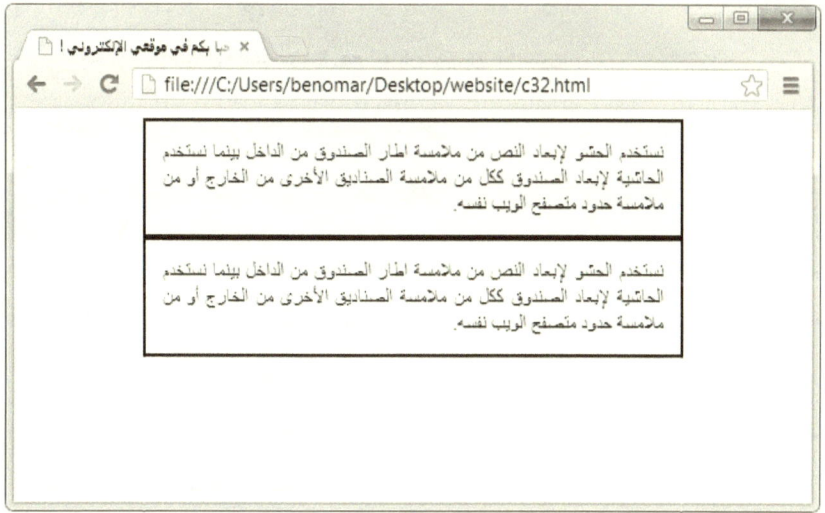

الشكل 14-12

ماذا ؟ أين ذهب الحاشية بين العنصرين ؟ لماذا العنصرين التصقا ؟ بالفعل كنت قد نسيت أن أخبرك أن القيمة auto تقسم مساحة العرض فقط وليس الطول، وأسوء من هذا يجعل حاشية الأعلى والأسفل صفر، لكن لا عليك يمكن إعادة الحاشية بين العنصرين ومنع التصاقهما عن طريق إضافة قيمة الحاشية قبل القيمة auto كما يلي:

```
margin: 4px  auto;
```

جرب المثال بنفسك بعد التعديل وستلاحظ وجود حاشية بقيمة 4 بكسل بين العنصرين.

14.5 إمالة العناصر

14.5.1 تحويل عنصر من نوع داخلي إلى خارجي والعكس

تحدثنا أكثر من مرة عن الوسوم الداخلية والخارجية لذا لا تنتظر مني أن أشرحها لك الآن كل ما
سأقوم به هنا هو تعليمك كيف تتحدى قواعد xhtml فتتحكم بها على مزاجك فمثلا: الوسم img
هو وسم داخلي لكن ماذا لو أردت أن تجعله خارجي يعني: يشكل صندوقا بذاته ويعود لأول
السطر؟ أو ماذا لو أردت أن تجعل من الوسم الخارجي <h2> وسما داخلي يظهر حيث انتهى ظهور
العنصر السابق له؟ بالطبع كل ذلك ممكن دون حدوث أية معجزة كل ما عليك فعله هو استخدام
الخاصية display في ملف التنسيق مع احدى القيمتين التاليتين:

block: لتحويل عنصر داخلي إلى عنصر خارجي

inline: لتحويل عنصر خارجي إلى عنصر داخلي

لتجربة هذه الخاصية قم بإنشاء صفحة xhtml ثم أضف داخلها عنصرين من نوع داخلي ولتكن مثلا
صورتين، ثم قم بتجربة الصفحة وستلاحظ ظهور الصورتين أمام بعضهما البعض، ثم قم في مرحلة
ثانية بتحويل الصورة الثانية من نوع داخلي إلى خارجي في ملف التنسيق وستلاحظ عند التجربة أن
الصورتين ستظهران تحت بعضهما البعض وذلك لأن المتصفح سيعامل الصورة الثانية على أنه وسم
خارجي وبالتالي تشكل ما يشبه الصندوق وعودتها إلى أول السطر.

14.5.2 تطبيق إمالة على عنصر

قلنا أنه عندما يتم إضافة عنصر ذات وسم خارجي يظهر محتواه تلقائيا أول السطر ما يعني أنه قد تترك
فراغات في الأسطر التي تسبق تلك العنصر خاصة إذا ما كانت محتوى العنصر الذي قبله قصير جدا
لذا قد نعمد إلى استخدام الإمالة لاستغلال الفراغ الموجود، وفي بعض الأحيان نعمد إلى ذلك فقط

لجعل المحتوى تظهر بشكل جميل. في الشكل التالي مثلا نرى كيف يظهر النص تحت الصورة تاركة فراغا كبيرا يسار الصورة:

الشكل 14-13

إذا أردنا اظهار النص بجانب الصورة وبالتالي التخلص من الفراغ الموجود فإننا نستخدم خاصية الإمالة وهي float ثم نعطيه أحد القيمتين التاليتين:

right: لإمالة العنصر نحو اليمين

left: لإمالة العنصر نحو اليسار

لتجربة هذه الخاصية سنستخدم أوامر xhtml الخاص بالشكل السابق، ثم نقوم بتطبيق إمالة على الصورة نحو اليمين بحيث تظهر النص في يسارها كما يلي:

أوامر xhtml: (هذه الأوامر تعطي نتيجة الشكل 14-7)

```
<h2>جزر القمر والمؤامرة على مايوت</h2>

<img src="image/mayotte.png" class="imala" alt="جزيرة
مايوت"/>
```

```
<p>  قم باستبدال هذا النص بنص طويل على الأقل أربعة أسطر  </p>
```

أوامر CSS:

```
.imala {
    float: right;
    padding-left: 5px;
}
```

النتيجة:

الشكل 14-14

في هذا المثال تم التحكم بالعنصر ليتم إزاحته نحو اليسار left لذا بدأ ظهور النص من جهة اليمين أما لو كان قيمة float هو right كان سيقوم المتصفح بإزاحة الصورة لليمين والنص لليسار. يرجى الملاحظة أنني قمت بضبط النص عن طريق الخاصية text-align.

14.5.3 إيقاف الامالة

عندما نقوم بتطبيق إزاحة لعنصر ما فكأننا نقرر أن يكون العنصر الذي يليه بجانبه تماما لكن في حال لم تستول تلك العنصر على كامل المساحة الفارغة الموجودة فتلقائيا يقوم CSS بتطبيق نفس الإزاحة على العنصر التالي فالذي يليه إلى أن يتم ملئ كامل الفراغ.

باعتبار أننا قمنا بتعديل المثال السابق بحيث أضفنا آخره عنوان وفقرة نص فيا ترى كيف سيكون المظهر الجديد ؟ بلا شك سيظهر العنوان تحت الفقرة السابقة مباشرة وبجانب الصورة ثم ان لم يمتلئ المساحة جانب الصورة فسيتبعه النص في ذلك كما في الشكل التالي:

الشكل 14-15

لا أدري ان كانت تعجبك ظهور الصفحة بهذا الشكل لكن أؤكد لك أن بعض الأشخاص سيفضلون لو تم اظهار العنوان الثاني مع فقرة النص تحت الصورة مباشرة، وهذا ما يسمح به الخاصية clear التي تستخدم بعد استخدام سابق لخاصية الامالة (float) بهدف ايقاف التطبيق التلقائي للإمالة على العناصر التابع للعنصر المُمال. ويمكن لهذه الخاصية أن تأخذ احدى القيم الثلاثة التالية:

- left: يسار-يعني سيتم اظهار العنصر الحالي في اليسار تحت العنصر السابق له مباشرة إذا كانت إمالته نحو اليسار (float :left).
- right: يمين- يعني سيتم اظهار العنصر الحالي في اليمين تحت العنصر السابق له إذا كانت إمالته نحو اليمين (float :right).
- both: أما هذه فتعمل مع القيمتين معا بحيث إذا كانت إمالة العنصر السابق نحو اليسار فسيظهر العنصر الحالي تحته في اليسار أما إذا كانت إمالته نحو اليمين فسيظهر تحته في اليمين.

خلاصة القول هو أننا نستخدم clear: left مع العنصر الحالي إذا كانت إمالة العنصر السابق float: left بينما نستخدم clear: right إذا كانت الامالة float: right، أما إذا كنا لا نعرف نوع الامالة المطبقة في العنصر السابق أو أننا نريد تسهيل المهمة فنستخدم clear: both وهكذا يقوم المتصفح بموافقة float: left مع clear: left و float: right مع clear: right.

وأخيرا للمثال يمكننا ايقاف امالة العنوان الثاني في المثال السابق عن طريق اضافة التنسيق التالي باعتبار أنه تم تحديد خاصية class ذات القيمة ikaf_imala على العنوان الثاني في ملف الصفحة:

```
.ikaf_imala {
        clear: both;
}
```

وسيكون النتيجة كما يلي:

الشكل 14-16

عندما نقوم باستخدام الخاصية float أكثر من مرة في تصميم ما– وهذا الغالب– فيمكننا اختيار اسم class نضيفه في جميع العناصر التي نريد ايقاف الازاحة عنها ثم نقوم بتعيين وقف الازاحة بـ clear: both في ملف التنسيق وهكذا لا نضطر إلى تكرار نفس الأمر كل مرة. مع العلم أن كثير من المصممين يستخدمون الوسم div لفعل ذلك كما يلي:

1. يتم وضع هذا السطر <div class="clear"></div> بعد أي عنصر مطبق عليه امالة وقبل العنصر الذي نريد ايقاف الامالة عنه

2. اضافة التنسيق التالي في ملف التنسيق: .clear {clear : both; }

14.6 تحديد موضع عنصر

هذه أهم خصائص لغة CSS في نظري لكن مع الأسف يعد « تحديد موضع العناصر» أصعب مفاهيم هذه اللغة على الاطلاق، ولا ينبع هذه الصعوبة من المفهوم نفسه بل من عدم فهم ماهية عمل المفهوم وكيفية تحديد موضع العناصر والشروط التي يجب مراعاتها لذا سأقوم بشرح هذا المفهوم بشكل مفصل لكن بعد أن نتعرف على الطرق الثلاثة المستخدمة لتحديد مواضع العناصر وهي:

- absolute: موضع مطلق - يمكننا بواسطة هذه الطريقة تحديد موضع لظهور العنصر سواء يمين، يسار، فوق أو تحت ويتم تحديد موضع العنصر باعتماد مساحة الصفحة كاملة وسنقوم بشرح معنى هذا الكلام في فقرات تالية. ويجر الاشارة أيضا أن العنصر يتحرك مع الصفحة صعودا ونزولا عندما يكون محتوى الصفحة كبيرة.

- fixed: موضع ثابت- تتشابه هذه الطريقة مع سالفها في كون تحديد موضع العنصر يكون اعتمادا لمساحة الصفحة كاملة، وتختلف عنها في كون العنصر تبقى ثابتة في مكانها ولا تتحرك مع الصفحة مهما كانت حجما.

- relative: موضع نسبي: أما هذه الطريقة فتختلف عن الاثنين من حيث تحديد موضع العنصر إذ يتم ذلك باعتبار مكانه وبناء على موضعه الأصلي وليس الصفحة.

لتحديد الطريقة التي نريد استخدامها لتحديد موضع العنصر فإننا نستخدم absolute، fixed، أو relative كقيمة للخاصية position وتحتها مباشرة يتم تحديد إحداثية الموضع الجديد للعنصر باستخدام أحد الجهات الأربعة (top, right, bottom, left) أو اثنان منها لتحديد إحداثية مزدوجة. مهلا....مهلا ....توقف ! هل يمكنك أن تشرح لي ذلك باللغة العربية ؟

بالطبع أفعل، فهذا هو المفهوم الذي قلنا أننا سنتحدث عنه بالتفصيل، فهيا بنا نبدأ.

لنفترض أننا نملك رسم بياني يبدأ خطه العامودي (ص) من الرقم 1 إلى 6 وخطه الأفقي (س) من الرقم 1 إلى 7. والآن لنفترض أنه طلب منا تحديد موضع النقطة « ج(6, 4) » بحيث يشير الرقم 6 إلى موضع النقطة ج من حيث الخط الأفقي وكذلك الرقم 4 من حيث الخط العامودي فماذا يكون الحل؟

بالعودة إلى رياضيات الصف السابع الابتدائي ندرك أنه يجب رسم خطين مستقيمين أحدهما عامودي يبدئ من الرقم 6 من الخط الأفقي الأساسي بينما الآخر أفقي يبدئ من الرقم 4 من الخط العامودي الأساسي وسيكون موضع النقطة ج هي النقطة التي يتقاطع فيها الخطين الجديدين كما في الشكل التالي:

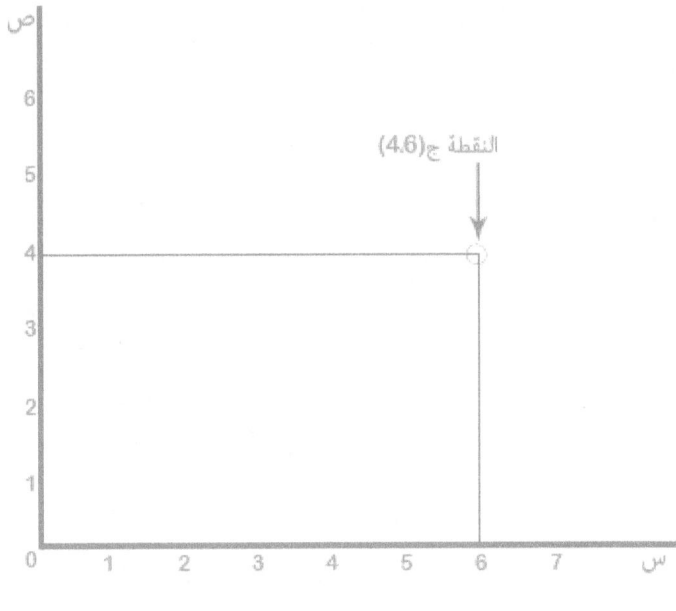

الشكل 14-17

عندما نقوم بتطبيق نفس هذا المثال مع شاشة الحاسوب نجد أن كل زاوية من الزوايا الأربعة للشاشة تنفع أن تكون النقطة الافتراضية (0,0) التي تبدء عندها الإحداثيات لتحديد موضع أي نقطة على الشاشة، ولهذا السبب قلنا أنه يمكن استخدام أحد الجهات الأربعة أو جهتين معا لتحديد النقطة. ولمزيد من التوضيح سنقوم بدراسة الشكلين التاليين:

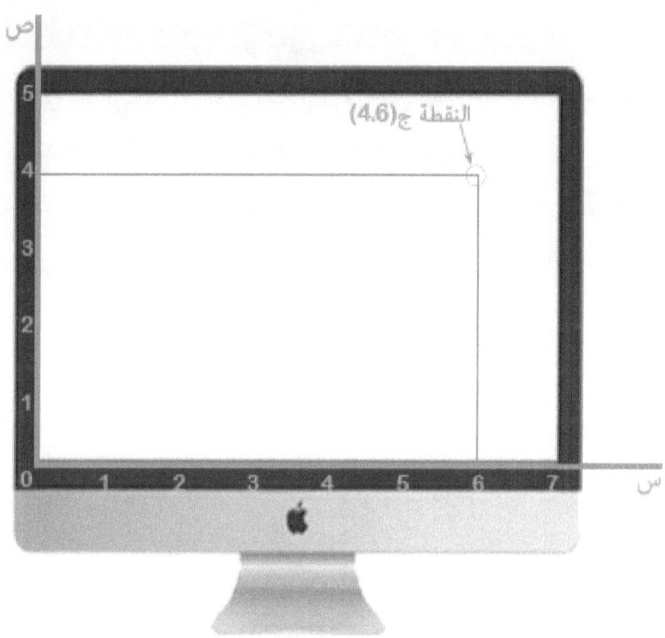

الشكل 14-18

الشكل 14-19

يشبه الشكل الأول (14-10) الرسم البياني العادي في الشكل (14-9) بينما الشكل الثاني (14-11) فيمثل انعكاس الشكل الأول ويمثل الشكل الافتراضي للغة css. ولو افترضنا أن أحجام الشاشة مقدر بالبيكسل حسب الأرقام في الشكلين 7*5 وتم تطبيق التنسيق رقم 1 أدناه فالنتيجة سيكون النقطة المحددة في الشكل الثاني، أما في حال أردنا أن يظهر العنصر في النقطة المحددة في الشكل الأول فيجب تعديل التنسيق ليصبح كما في التنسيق رقم 2.

التنسيق رقم1:

```
p {
        position: absolute;
        left: 6px;
        top: 4px;
}
```

التنسيق رقم 2:

```
p {
        position: absolute;
        left: 6px;
        bottom: 4px;
}
```

نلاحظ أن الفرق بين هذين التنسيقين هو تحول top (الأعلى) في التنسيق رقم 1 إلى bottom (الأسفل) في التنسيق رقم 2، أما الأرقام فظلت كما هي دون تغيير. نفهم من هذا أن تحديد موضع العنصر يعتمد على الجانب الذي نحسب منه وليس مجرد الأرقام.

بما أن تحديد موضع العنصر يعتمد على الجانب الذي نحسب منه وليس مجرد الأرقام، فإنه يمكننا ببساطة التلاعب بقيمة top في التنسيق رقم 1 للحصول على نتيجة الشكل الأول وكذلك يمكننا التلاعب بقيمة bottom في التنسيق رقم 2 للحصول على نتيجة الشكل الثاني. فلو أمعنا النظر لوجدنا أن الرقم 4 في الشكل الأول تقابلها الرقم 1 من الشكل الثاني فالانتقال بين كل واحد منهما نقطة واحدة (من البداية 0 إلى 1 في الشكل الثاني – ومن النهاية 5 إلى 4 في الشكل الأول) وبالتالي لو استبدلنا قيمة top بـ 1 لحصلنا على نفس نتيجة الشكل الأول. إذا فهمت اللعبة فابحث وحدك عن القيمة التي يجب اعطائها لـ bottom في التنسيق رقم 2 كي نحصل على نفس نتيجة الشكل الثاني.

ويجب الانتباه إلى أنه من الممكن تحديد موضع عنصر باستخدام جانب واحد فقط، حينها يعتمد المتصفح أن قيمة الجانب الغير المذكور تساوي صفر، فلو أننا مثلا حددنا ظهور عنصر على بعد 300 بكسل من اليسار دون تحديد آخر فهذا يعني في الحقيقة: ظهور العنصر أعلى اليسار على بعد المسافة المذكورة. أما إذا حددنا ظهور العنصر على بعد 300 بكسل من الأعلى دون تحديد آخر فسيعني هذا: ظهور العنصر في اليسار على بعد المسافة المذكورة من الأعلى. وهذا الأخير يكون حسب اتجاه الصفحة فلو أن الصفحة تبدأ من اليسار إلى اليمين فسيظهر العنصر في اليسار على بعد 300 بكسل من الأعلى أما إذا كان اتجاه الصفحة من اليمين إلى اليسار فسيظهر في اليمين على بعد 300 بكسل من الأعلى. وهكذا مع باقي الجوانب الأخرى.

أخيرا بعد أن انتهينا من شرح مفهوم تحديد موضع العناصر يجب أن أصرح لك أن ما شرحناه كله يفترض أن الصفحة تبدأ من اليسار إلى اليمين (الحالة الافتراضية) لكن في الأساس صفحات المواقع العربية تبدأ من اليمين إلى اليسار لذا سأطلب منك أن تكون حذرا حيث سنقوم الآن بسرد بعض الأمثلة عن كل طريقة، لكن هذه المرة باعتبار أن الصفحة تبدأ من اليمين إلى اليسار مع العلم أنه لا يوجد فرق جوهري بينهما لكن مجرد انعكاس شكلي فبعد أن كنا نعتمد أكثر على جانب اليسار (left) لتحديد موضع العناصر سنتحول الآن للاعتماد أكثر على جانب اليمين (right) إضافة للأعلى (top) طبعا.

14.6.1 موضع مطلق

أولا قم بإنشاء ملف صفحة ويب وضع داخلها فقرتين نص ثم أضف على الفقرة الثاني خاصية class بقيمة sunduk ثم احرص على أن تكون محتوى هذه الفقرة أقل من محتوى الفقرة الأولى كي يساعدك هذا على ملاحظة النتيجة جيدا.

```
<p>قم بإضافة نص طويل في هذه الفقرة للتجربة</p>

<p class="sunduk">مثال تحديد موضع العناصر</p>
```

والآن نقوم بإضافة التنسيقات التالية على الفقرتين معا: عرض 250 بكسل، حدود بسماكة 2بكسل ومن النوع المتماسك، ضبط النص وحشو داخلي بقيمة 14 بكسل.

```
p {
```

```
        width: 250px;
        Border: 2px solid;
        text-align: justify;
        padding: 14px;
}
```

عندما نقوم بتجربة المثال مع هذه التنسيقات فسيظهر الفقرتين تحت بعضهما البعض لكن عندما نقوم بتحديد موضع الفقرة الثانية بأن تظهر على بعد 300 بيكسل من اليمين و 150 بيكسل من الأعلى (التنسيقات التالية) فستتحول نتيجة المثال لتصبح كما في الشكل 14-12.

```
.sunduk {
        position: absolute;
        right: 300px;
        top: 150px;
}
```

النتيجة:

الشكل 14-20

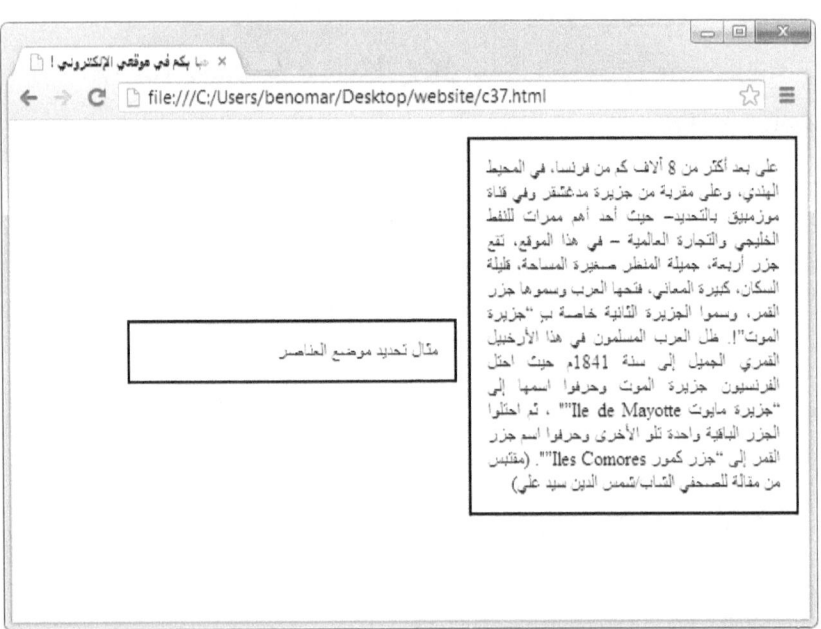

14.6.2 موضع ثابت

تعمل طريقة الموضع الثابت كطريقة الموضع المطلق تماما، والفرق الوحيد بينهما هو أنه عندما يكون محتوى الصفحة كبيرة ثم نقوم بتمرير الشريط الجانبي فسيتحرك الصندوق مع محتوى الصفحة في حال الموضع المطلق بينما في حال الموضع الثابت يبقى محتوى الصندوق ثابتة في مكانه.

لتجربة ذلك قم بزيادة نص الفقرة الأولى من المثال السابق بحيث يظهر شريط التمرير عند فتح الملف على المتصفح ثم قم بتجربة المثال وستلاحظ عند تمرير الشريط الجانبي أن صندوق الفقرة الثانية تتحرك مع الصفحة. والحين لملاحظة الفرق بين طريقة الموضع الثابت والموضع المطلق، استبدل قيمة position في ملف التنسيق من absolute إلى fixed ثم قم بتجربة المثال مرة أخرى وستلاحظ هذه المرة أن صندوق الفقرة الثانية ستظل ثابتة في مكانها عندما تتحرك الصفحة نزولا وصعودا.

14.6.3 موضع نسبي

قلنا أن هذه الطريقة تشبه الطريقتين السابقتين في عملها لكن الفرق هو أن الطريقتين السابقتين يتم تحديد مسافة الموضع بناء على حجم الصفحة أما في هذه الطريقة فيتم تحديد ذلك بناء على الموضع الأصلي الذي يتواجد فيه العنصر والشكل التالي أفصح مني في البيان:

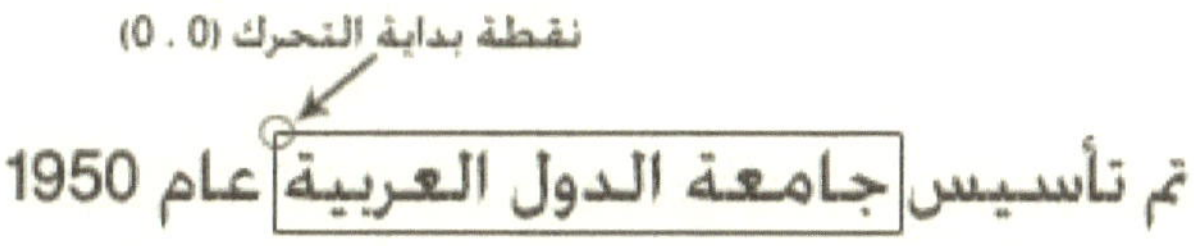

نقطة بداية التحرك (0 . 0)
تم تأسيس جامعة الدول العربية عام 1950

نلاحظ في هذا الشكل أن تطبيق إحداثيات موضع العنصر يبدأ من الموضع الأصلي للعنصر وليس من زاوية الصفحة أو الشاشة ولو طبقنا التنسيقات التالية على المثال في هذا الشكل:

```
strong {
	position: relative;
	left: 50px;
	top: 15px;
}
```

فالنتيجة سيكون كما يلي:

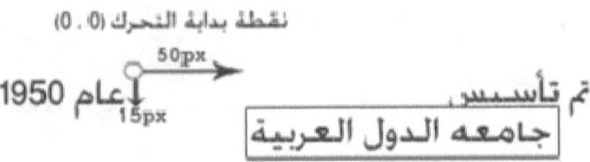

لتجربة هذا المثال على حاسوبك قم بتطبيق خصائص css السابقة على مصدر xhtml التالي:

```
<p>تم تأسيس<strong>جامعة الدول العربية</strong> عام 1950.</p>
```

*ملاحظة: هل تتساءل لماذا طبقنا هذه التنسيقات على الوسم الداخلي **strong** ؟ اطمئن لم يكن ذلك خطأ، فالحقيقة أن خصائص تحديد موضع العناصر لا تعمل مع الوسوم الخارجية فقط بل تعمل مع الوسوم الداخلية أيضا، وبالمناسبة فقط خاصيتا تحديد الطول والعرض هما اللتان لا تعملان مع الوسوم الداخلية أما أكثر الخصائص فتعمل مع كلا النوعين لكن تعمدت عدم ذكر ذلك لكون الأصل أن نستخدم هذه الخصائص مع الوسوم الخارجية لأغراض تحديد شكل الصفحة.*

15 الجداول

15.1 تمهيد

لا تحتاج الجداول إلى تعريف فبالطبع إن لم تستخدمها في محرر نصوص مايكروسوفت وورد (Microsoft Word) فلا شك أنك رأيتها في أحد المواقع أو حتى في بعض المطبوعات المختلفة؛ إذ تستخدم الجداول لإيراد مجموعة أشياء بشكل مرتب. لكن في البداية أرى من واجبي أن أحذرك من استخدام الجداول للتحكم بشكل موقعك فهذا أكثر ما يلجأ إليه معظم المصممين المبتدئين. وهذا خطأ فادح بالطبع إذ أن فعل ذلك يجعل تعلم لغة CSS دون فائدة، إذ هي اللغة المسؤولة عن تقسيم الموقع وترتيب شكله العام كما سنرى ذلك فيما بعد.

والآن لنعد أدراجنا إلى أصل الموضوع، ودعني أقول لك أن هناك نوعان من الجداول أو بالأحرى نوع واحد يتم الاستغناء عن بعض الخصائص فيكون جدول عادي أو نستخدم جميع الخصائص فيكون لدينا جدول مطور يحتوي على كثير من الميزات.

في كلا النوعين نقوم بتعريف الجدول باستخدام الوسم <table> الذي يحيط بكامل عناصر الجدول ويتم إغلاقه بعد آخر عنصر فيها باستخدام وسم الإغلاق </table> كما يلي:

```
<table>
  <!---هنا يتم إضافة عناصر الجدول--->
</table>
```

أما لإضافة عناصر في الجدول فنستخدم <tr> </tr> لإضافة سجل ثم بداخلها نستخدم <td> </td> لإضافة عناصر الجدول بعدد الخانات في كل سجل كما يبينه الشكل التالي:

الشكل 15-1

إذا لا حظنا في هذا الشكل فإن كل من "ثورة الحرية والكرامة"، "تونس"، "17 ديسمبر 2010" و "زين العابدين بن علي": كل هذا يمثل سجل واحد محاط بالوسم <tr> </tr> أما "ثورة الحرية والكرامة" فتمثل وحده خانة داخل السجل (أي وسم <td></td> بداخل وسم السجل (<tr></tr>) وكذلك بالنسبة للمعلومات الأخرى كل واحدة منها تمثل خانة بحد ذاتها. والآن إذا احتسبنا كامل الجدول بهذا الأسلوب فسنجد أننا نمتلك ثلاث سجلات <tr> بداخل كل سجل منها ثلاث خانات <td> وفيما يلي أوامر الجدول في الشكل السابق 15-1:

```
<table>
   <tr>

        <td>ثورة الحرية والكرامة</td>

        <td>تونس</td>

        <td>17 ديسمبر 2010</td>

        <td>زين العابدين بن علي</td>

   </tr>
   <tr>

        <td>ثورة 25 يناير</td>

        <td>مصر</td>

        <td>25 يناير 2011</td>
```

```
            <td>محمد حسني مبارك</td>
        </tr>
        <tr>
            <td>ثورة 17 فبراير</td>
            <td>ليبيا</td>
            <td>17 فبراير 2011</td>
            <td>معمر القذافي</td>
        </tr>
        <tr>
            <td>ثورة الشباب اليمنية</td>
            <td>اليمن</td>
            <td>11 فبراير 2011</td>
            <td>علي عبد الله صالح</td>
        </tr>
</table>
```

عند تجربة هذا المثال على المتصفح ستشاهد أن هذا المثال يشبه الجدول في الشكل 15-1 من حيث الترتيب لكن دون الحدود. هناك طريقتان لإظهار حدود الجدول. إما عن طريق إضافة الخاصية "border="1 على الوسم table مباشرة وعندها سيكون النتيجة مشابها تماما لشكل الجدول في الشكل 15-1. أما الطريقة الثانية فتكون باستخدام CSS وتحديدا الخاصية border كما تعلمناه سابقا.

```
td {
        border: 1px solid;
}
```

الشكل 2-15

عند إظهار حدود الجدول عن طريق css فإن النتيجة تختلف عما لو تم إظهارها عن طريق إضافة الخاصية "1" =border داخل الوسم table مباشرة. فكما يتضح لك في الشكل 15-2 فإن حدود الجدول منفصلة عن بعضها البعض وكأن كل خانة داخل الجدول لها حدود خاص به. ليس هذا بالمشكلة الصعب فعندما نود أن تظهر حدود الجدول بالشكل المعتاد، فإن بإمكاننا استخدام الخاصية المسمى border-collapse للتحكم بذلك حيث يمكن لها أن تأخذ احدى القيمتين التاليتين:

- collapse: أي متماسك
- separate : منفصلا عن بعضها البعض (القيمة الافتراضية)

يمكنك تجربة هذا باستخدام أوامر المثال الأخير، لكن يرجى الانتباه أن خاصية الحدود (border) يتم اضافتها على الوسم (td) بينما وسم تماسك الحدود (border-collapse) يتم اضافتها على وسم الجدول (table).

15.2 عنوان الجدول

حتى الآن كنت تقرأ المعلومات في الجدول السابق دون أن تدري تماما ما تمثله تلك المعلومات (سوى الأفكار التي بنيتها أنت في مخيلتك). دعني أقول لك أن المعلومات السابقة تتحدث عن« ثورات

الربيع العربي » لكن فقط في البلدان التي أدت فيها الثورة إلى اسقاط النظام، إذا المقصود من عنوان الجدول هو امكانية اضافة « الثورات التي أدت إلى اسقاط النظام » كعنوان للجدول السابق. لفعل ذلك نقوم بإضافة العنوان كمحتوى للوسم caption وذلك تحت الوسم table مباشرة:

```
<caption>الثورات التي أدت إلى اسقاط النظام</caption>
```

15.3 الجداول العادية

الجدول العادي هو نفسه مثال الجدول في المقدمة السابقة لكن لو لاحظت فإن قراءة المعلومات يبقى مبهمة نوعا ما، لذا من الأفضل تحديد نوع كل معلومة في الجدول كخطوة لتسهيل قراءة معلومات الجدول. ففي الجدول السابق مثلا يحتوي الخانة الأولى والثانية والثالثة والرابعة بالترتيب على اسم الثورة، البلد الذي جرت فيه، تاريخ بدايتها و أخيرا الرئيس المخلوع. عندما أقوم ببيان هذا للزائر أكون قد أنشأت جدول تام ونموذجي.

نستخدم الوسم th لبيان نوع كل معلومة، بحيث يتم إضافته داخل سجل (أي وسم tr) بعدد أعمدة الجدول و يجب أن يسبق كل محتويات خانات الجدل كما يبينه المثال التالي:

```
<table>
<caption>الثورات التي أدت إلى اسقاط النظام</caption>
    <tr>
        <th>اسم الثورة</th>
        <th>البلد</td>
        <th>تاريخ البداية</th>
        <th>الرئيس المخلوع</th>
    </tr>
    <tr>
        <td>ثورة الحرية والكرامة</td>
```

```
        <td>تونس</td>
        <td>17 ديسمبر 2010</td>
        <td>زين العابدين بن علي</td>
    </tr>
    <!--تكملة باقي أوامر المثال السابق-->
<table>
```

قبل تجربة المثال يجب تعديل ملف التنسيق بحيث نضع الجدود لكل من الوسم td الذي تحوي معلومة كل خانة وكذلك الوسم الجديد td الذي تحوي نوع كل خانة.

```
td, th {
      border: 1px solid;
}
table {
      border-collapse: collapse;
}
```

الشكل 3-15

نلاحظ في هذا المثال أنه يتم إنشاء سجل كامل عن كل ثورة بحيث يوضع كامل معلومات الثورة الواحدة في وسم tr بينما يكون كل معلومة داخل وسم td. ويجب احترام ترتيب أنواع المعلومات في اضافة كل معلومة، فإذا كان "اسم الثورة" هو الأول في رأس الجدول (th) فيجب وضع اسم الثورة في أول خانة td وإلا اختلف أماكن المعلومات .

والآن ماذا لو أردنا ترتيب نفس الجدول بهذا الشكل:

الثورات التي أدت إلى اسقاط النظام

اسم الثورة	ثورة الحرية والكرامة	ثورة 25 يناير	ثورة 17 فبراير	ثورة الشباب اليمنية
البلد	تونس	مصر	ليبيا	اليمن
تاريخ البداية	17 ديسمبر 2010	25 يناير 2011	17 فبراير 2011	11 فبراير 2011
الرئيس المخلوع	زين العابدين بن علي	محمد حسني مبارك	معمر القذافي	علي عبد الله صالح

الشكل 15-4

بالطبع يمكننا فعل هذا وباستخدام نفس الوسوم المستخدمة في المثال السابق لكن مع اختلاف في الترتيب، فلو اطلعت إلى المثال السابق ستجد أنه كان يتم اظهار معلومات كل ثورة في سجل واحد (اسم الثورة، البلد...) بينما جميع معلومات النوع الواحد - كجميع البلدان مثلا – كانت تظهر في عامود واحد، فجميع اسماء الثورات تظهر في العامود الأول وجميع البلدان تظهر في العامود الثاني إلى آخره. أما في الشكل 15-3 فتظهر جميع معلومات النوع الواحد في سجل واحد بينما تظهر معلومات كل ثورة في عامود واحد، أي أنها عكس الأول تاما. يمكننا الاستفادة من هذا الانعكاس لإظهار الجدول بالشكل المراد، وذلك عن طريق إضافة وسم tr بعدد سجلات الجدول (هنا 4 سجلات) ثم في السجل الأول نضع الوسم th يحمل القيمة التي تشرح نوع معلومات السجل ولتكن "اسم الثورة"، نضيف بعدها خانات السجل باستخدام الوسم td. ننتقل عند الانتهاء إلى السجل الثاني (tr) ثم نقوم بإضافة الوسم th الذي تحمل القيمة التي تشرح نوع معلومات السجل، لكن قبل إضافة خانات السجل يجب أن ننتبه إلى الترتيب الذي اتبعناه في إضافة خانات السجل الأول بحيث لو كان

الخانة الأولى في السجل الأول هو "ثورة الحرية والكرامة" إذا الخانة الأول في السجل الثاني يجب أن يكون "تونس" وكذلك الخانة الأولى للسجل الثالث يجب أن يكون " 17 ديسمبر 2010 " وكذلك الخانة الأخيرة للسجل الأخير يجب أن يكون " زين العابدين بن علي" وهكذا بالنسبة لباقي السجلات. وإليك الأوامر المستخدمة في الشكل السابق:

```
<caption>الثورات التي أدت إلى اسقاط النظام</caption>
    <tr>
        <th>اسم الثورة</th>
        <td>ثورة الحرية والكرامة</td>
        <td>ثورة 25 يناير</td>
        <td>ثورة 17 فبراير</td>
        <td>ثورة الشباب اليمنية</td>
    </tr>
    <tr>
        <th>البلد</th>
        <td>تونس</td>
        <td>مصر</td>
        <td>ليبيا</td>
        <td>اليمن</td>
    </tr>
    <tr>
        <th>تاريخ البداية</th>
        <td>17 ديسمبر 2010</td>
        <td>25 يناير 2011</td>
```

```
        <td>17 فبراير 2011</td>
        <td>11 فبراير 2011</td>
    </tr>
    <tr>
        <th>الرئيس المخلوع</th>
        <td>زين العابدين بن علي</td>
        <td>محمد حسني مبارك</td>
        <td>معمر القذافي</td>
        <td>علي عبد الله صالح</td>
    </tr>
    <tr>
    </tr>
</table>
```

15.4 الجداول المتطورة

لا تختلف الجداول المطورة عن العادية من حيث المضمون لكن قد يختلفان نوعا ما في أسلوب سرد المعلومات وتركيب الوسوم وبشكل عام سنتحدث عن الجداول المقسمة لفئات ثم نتحدث عن دمج بعض الخلايا لتصبح خلية واحدة.

15.5 تقسيم الجدول إلى فئات

يمكن تقسيم أي جدول لثلاث فئات تتمثل في الرأس والجسم والذيل، يتم التقسيم وفق الآتي:

<thead> : رأس الجدول

<tbody> : جسم الجدول

<tfoot> : ذيل الجدول

والشكل التالي يبين كل قسم من هذه الأقسام:

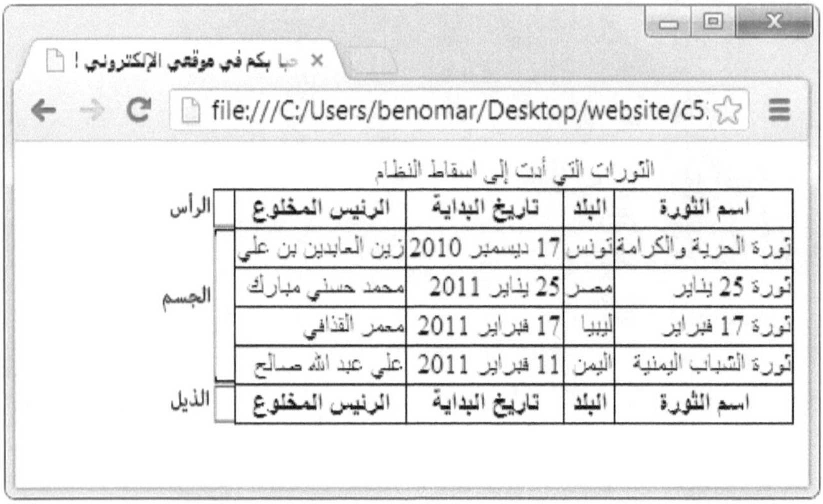

الثورات التي أدت إلى اسقاط النظام

اسم الثورة	البلد	تاريخ البداية	الرئيس المخلوع
ثورة الحرية والكرامة	تونس	17 ديسمبر 2010	زين العابدين بن علي
ثورة 25 يناير	مصر	25 يناير 2011	محمد حسني مبارك
ثورة 17 فبراير	ليبيا	17 فبراير 2011	معمر القذافي
ثورة الشباب اليمنية	اليمن	11 فبراير 2011	علي عبد الله صالح
اسم الثورة	البلد	تاريخ البداية	الرئيس المخلوع

الشكل 5-15

نستخدم th لإضافة قيم خانات كل من رأس الجدول وذيله بينما نستخدم td لإضافة قيم محتوى الجدول (الجسم) وخلافا لما نراه في الشكل السابق أنه تم ظهور رأس الصفحة ثم الجسم ثم الذيل بنفس الترتيب، فإنه عند إضافة ذلك في ملف xhtml لا نقوم باتباع نفس الترتيب بل نبدأ برأس الجدول يليه الذيل ومن ثم جسم الجدول كما يلي:

```
<table>
  <caption>الثورات التي أدت إلى اسقاط النظام</caption>
  <thead>
    <!--محتوى رأس الجدول-->
  </thead>
  <tfoot>
    <!--محتوى ذيل الجدول-->
  </tfoot>
  <tbody>
```

```
    <!--محتوى الجدول-->
  </tbody>
</table>
```

15.6 دمج الخلايا

لنفترض أنك على وشك اضافة صفحة « دليل متطلبات تخصصي إدارتي المعلوماتية والمحاسبية » في موقع احدى الجامعات. وتريد أن تضيف فيها جدول يحتوي على جميع المواد التي يتم تدريسها في كلا التخصصين، مع بيان التخصص الذي يكون فيه المادة مطلوب. أي أنه سيظهر جميع أسماء المواد في العامود الأول ثم في العامود الثاني تضع جانب كل مادة كلمة "مطلوب" إذا كان تخصص الإدارية يدرسها أو "غير مطلوب" إذا كان العكس. وكذلك تقوم بنفس الأمر مع تخصص المحاسبية في العامود الثالث. والآن لنفترض أنك بعد إضافة المعلومات بهذا الشكل وصلت لمادة الاقتصاد الجزئي التي تبين لك أنها متطلب لكلا تخصصي الإدارية والمحاسبية فماذا تفعل؟ هل ستذكر أنها مطلوبة لتخصص الإدارية ثم تعود وتذكر مرة أخرى أنها مطلوبة لتخصص المحاسبية أم أنك تفضل أن تذكر أنها "مشتركة" ؟

هذا ما نستفيد منه وراء دمج الخلايا ولكن قبل أن نتعلم كيفية فعل ذلك دعني أريك صورة عما حدثتك عنه للتو.

المواد	نظم المعلومات الإدارية	نظم المعلومات المحاسبية
محاسبة التكاليف	غير مطلوب	مطلوب
الإقتصاد الجزئي	مشترك	
إدارة الشراء والتخزين	مطلوب	غير مطلوب

الشكل 15-6

والآن بعد أن فهمت ما سنفعله يجب أن تعلم أن هناك حالتان لدمج الخلايا وهي إما أن ندمج خليتان متقابلان في نفس السجل كما في الشكل السابق أو ندمج خليتان متقابلان في نفس العامود، كأن ندمج الخليتين "غير مطلوب" مع "مشترك" في حال عدم تواجد أي دمج في الجدول في الشكل السابق.

في كلا حالتي الدمج يتم إضافة خاصية جديدة على وسم الخلية المراد دمجها (td) و تختلف هذه الخاصية باختلاف الدمج المراد إضافته كما يلي:

إذا كان الدمج بين خليتين متقابلين في نفس السجل فالخاصية المستخدمة هي: colspan

أما إذا كان الدمج بين خليتين متقابلين في نفس العامود فالخاصية المستخدمة تصبح: rowspan

تأخذ هاتان الخاصيتان قيمة رقمية تمثل عدد الخلايا المدمجة فلو كانت قيمة الخاصية colspan هي 2 كما يلي: <"td colspan="2> فإن هذا يعني دمج خليتين متقابلين في نفس السجل (الخلية الجديدة ستقابل خليتين عاموديا). أما لو أن الخاصية المستخدمة هي rowspan عندها تدمج خليتين متقابلين في نفس العامود (الخلية الجديدة تقابل خليتين أفقيا)، والمثال التالي يوضح الحالة الأولى:

```
<table>
  <tr>
    <th>الخلية الأول من السجل الأول</th>
```

```
        <th>الخلية الثاني من السجل الثاني</th>
        <th>الخلية الثالث من السجل الأول</th>
    </tr>
    <tr>
        <td>الخلية الأول من السجل الثاني</td>
        <td>الخلية الثاني من السجل الثاني</td>
        <td>الخلية الثالث من السجل الثاني</td>
    </tr>
    <tr>
        <td>الخلية الأول من السجل الثالث</td>
        <td colspan="2">الخلية الثاني من السجل الثالث (المدمج)</td>
    </tr>
    <tr>
        <td>الخلية الأول من السجل الرابع</td>
    <td>الخلية الثاني من السجل الرابع</td>
      <td>الخلية الثالث من السجل الرابع</td>
    </tr>
</table>
```

الخلية الأول من السجل الأول	الخلية الثاني من السجل الثاني	الخلية الثالث من السجل الأول
الخلية الأول من السجل الثاني	الخلية الثاني من السجل الثاني	الخلية الثالث من السجل الثاني
الخلية الأول من السجل الثالث	الخلية الثاني من السجل الثالث (المدمج)	
الخلية الأول من السجل الرابع	الخلية الثاني من السجل الرابع	الخلية الثالث من السجل الرابع

الشكل 15-7

إذا قمنا بتحليل هذا الجدول فسنجد أن (الخلية الأولى من السجل الأول) تقابل (الخلية الأولى من السجل الثاني) وهاتان الاثنتان يقابلان في نفس الوقت (الخلية الأولى من السجل الثالث) والكل كذلك يقابل (الخلية الأولى من السجل الرابع) وهكذا كل الخلايا الأولى من كل سجل يقابلن بعضها البعض والخلايا الثانية من كل سجل يقابلن بعضها البعض وهكذا مع الخلايا الأخرى، لكن عندما نأتي للسجل الثالث سنرى أنه كان يجب أن يكون هناك خلية ثالثة ليقابل الخلايا التي تقع في المرتبة الثالثة في السجلات الأخرى لكن لا وجود لهذه الخلية، لهذا وضعنا دمج colspan على (الخلية الثاني من السجل الثالث) وبقيمة 2 لنبين أنه يجب لهذه الخلية أن تقابل خليتين بدلا من خلية واحدة.

والآن ماذا لو كان السجلتان متقابلان عاموديا؟

قلنا أننا نستخدم الخاصية rowspan إذا كان الخليتان يتقابلان عاموديا وتستخدم بنفس الطريق السابقة كما أن التحليل نفسه لكن هذه المرة نحلل الخانات عاموديا وعلى الأغلب يكون في الجداول التي يكون الترتيب جانبية كما يبينه المثال التالي:

```
<table>
  <tr>
    <th>المواد</th>
  <td>محاسبة التكاليف</td>
   <td>الإقتصاد الجزئي</td>
```

```html
<td>إدارة الشراء والتخزين</td>
  </tr>
  <tr>
    <th>نظم المعلومات الإدارية</th>
    <td>غير مطلوب</td>
    <td rowspan="2">مشترك</td>
    <td>مطلوب</td>
  </tr>
  <tr>
    <th>نظم المعلومات المحاسبية</th>
    <td>مطلوب</td>
    <td>غير مطلوب</td>
  </tr>
</table>
```

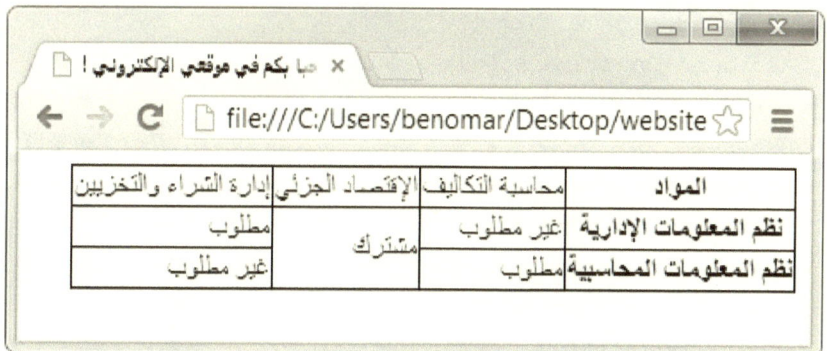

إدارة الشراء والتخزين	الإقتصاد الجزئي	محاسبة التكاليف	المواد
مطلوب	مشترك	غير مطلوب	نظم المعلومات الإدارية
غير مطلوب		مطلوب	نظم المعلومات المحاسبية

الشكل 15-8

15.7 تنسيق الجداول مع CSS

15.7.1 بعض التنسيقات التي سبق رؤيتها

سبق وأن تحدثنا عن معظم التنسيقات التي يمكن تطبيقها على الجداول لتحسين مظهرها، لكن لإعطاء فكرة عن تنسيق الجداول سنقوم بعمل مثال واحد نستخدم فيه أكثر التنسيقات استخداما مع الجداول. سنستخدم ملف xhtml الخاص بالمثال رقم 53 ، مع تعديل بسيط هي إضافة مسى id= 'revolution'. وفيما يلي التنسيقات المستخدمة.

```
#revolution {
	width: 500px;
	border-collapse: collapse;
}
#revolution caption {
	font-size: 1.5em;
	text-decoration: underline;
}
#revolution td, #revolution th {
	border: 1px solid #c6d999;
	padding: 5px;
}
#revolution th {
	font-size: 1.2em;
	text-align: center;
	background-color: #A6C950;
	color: #ffffff;
}
```

أفترض أن هذه التنسيقات واضحة بالنسبة لك، لكن مع ذلك أجدني مضطرا أن أشرح لك سبب استهدافنا لكل من td و th في الجملة (#revolution td, #revolution th). السبب بسيط جدا هو أننا نريد تطبيق هذين التنسيقتين (الحدود والحشو) لكل عناصر رأس الجدول وكذلك عناصر الجسم لذا قمنا باستهداف الاثنين معا كي لا نضطر إلى تكرار نفس التنسيقتين (border و padding) في المجموعة التالية (أي في #revolution th).

الشكل 15-9

15.7.2 ثلاثة تنسيقات خاصة بالجداول

توجد هنالك ثلاثة خصائص تستخدم خاصة مع الجداول، أولها هي خاصية التحكم بتماسك الحدود من عدهم (سبق وتحدثنا عنه)، أما الثانية فهي خاصية التحكم بموضع ظهور عنوان الجدول حيث ليس من الضروري أن تظهر قبل الجدول بل يمكن أن تظهر تحتها أو حتى في احدى الجانبين وأخيرا الخاصية الثالثة هي للتحكم بموضع ظهور محتوى الخلايا أفقيا وذلك عندما يكون طول الخلية أكبر من حجم النص بداخلها حينها نستخدم هذه الخاصية لإظهار النص في الوسط الأفقي، أو الأعلى أو الأسفل وفيما يلي بيان أسماء هذه الخصائص مع قيمها:

1. caption-side : تتحكم هذه الخاصية بموضع ظهور عنوان الجدول وتأخذ احدى القيم التالية:

- top : يظهر أعلى الجدول (القيمة الافتراضية)
- bottom : يظهر أسفل الجدول.
- left : يظهر يسار الجدول
- right : يظهر يمين الجدول

2. border-collapse: سبق ورأينا هذه الخاصية وقلنا أنها للتحكم بتماسك الخلايا من عدمه ولها قيمتنا هما:

- separate : لفصل الخلايا عن بعضها البعض (القيمة الافتراضية)

- Collapse : ترابط وتماسك الخلايا بعضها البعض.

3. vertical-align : للتحكم بموضع ظهور محتوى الخلايا أفقيا، وتأخذ احدى القيم التالية:

- top : يظهر المحتوى في القسم العلوي من الخلية

- middle : يظهر المحتوى وسط الخلية

- bottom : يظهر المحتوى في القسم السفلي من الخلية

16 النماذج

تلعب النماذج دورا فعالة عند تصميم مواقع الويب خاصة الديناميكية منها. أقصد المواقع التي نتحكم بمحتواه بمجرد ضغطة زر حيث يوضع أي شيء يراد إضافته للموقع أو تعديله داخل نموذج ثم يتم إرسال قيم النموذج إلى برمجة خاصة يمكنها التعامل مع النماذج – كبرمجة لغة PHP– حيث تقوم تلك البرمجة باستقبال واستخراج قيم النموذج ومن ثم إظهارها على المتصفح أو نسخها على قاعدة بيانات يمكن استرجاعها لاحقا في أي وقت لإظهار محتواها على المتصفح.

إن دورنا في كل هذا يقتصر على تصميم النموذج أما استقبال واستخراج قيمها لإظهارها على المتصفح أو نسخها على قاعدة بيانات فهي مهمة لغات البرمجة التفاعلية ولن نقف عندها هنا.

16.1 تعريف نموذج

لتعريف النموذج على المتصفح نستخدم الوسم form الذي يحيط بكامل عناصر النموذج:

```
<form>
    <!-- يتم إضافة عناصر النموذج هنا -->
</form>
```

قلت آنفا أن قيم النموذج يتم إرسالها إلى البرمجة ليقوم بمعالجة بياناتها لكن أين يكون تلك البرمجة وكيف نرسل لها بيانات النموذج؟

هناك خاصيتان يتم إضافتها على الوسم form أحدهما للدلالة على صفحة البرمجة التي نريد إرسال قيم النموذج إليها والثاني يبين نوع وطريقة إرسال البيانات والخاصيتان هما:

action: وتبين هذه الخاصية مكان إرسال قيم النموذج وتكون في العادة صفحة مبرمجة بإحدى لغات البرمجة التفاعلية. ولو فرضنا أن لغة البرمجة في تلك الصفحة هي php وملف صفحة البرمجة اسمها data.php إذا يكون مكان إرسال البيانات "action="data.php مع مراعاة مسار تواجد الملف فلو أن الملف data.php ليس في نفس المجلد الذي يتواجد فيه الصفحة التي تحتوي على

النموذج، ولنقل أنه في مجلد فرعي اسمه barmaja إذا سيصبح المسار action="barmaja/data.php".

method: أما هذه الخاصية فهي لبيان نوع الإرسال إذ يمكن للإرسال أن يكون من النوع get ويعني أن المعلومات سيرسل عن طريق الرابطة مباشرة وهذه الطريقة خفيف جدا فقيم الإرسال محدود إلى 255 رمز كما أن المعلومات المرسلة تكون بارزة على الرابطة ويطلع عليها الجميع مما يقلل من نسبة أمان وسرية البيانات أما الطريقة الثانية فتسمى post، وتقوم هذه الطريقة بإرسال المعلومات عن طريق قناة مخفي بحيث لا يطلع عليها الزوار وهكذا نضمن السرية والأمان.

إذا قمنا بإضافة هذين الخاصيتين على الوسم form فسيصبح الشكل العام للنموذج كما يلي:

```
<form method="post" action="data.php">
    <!-- يتم إضافة عناصر النموذج هنا -->
</form>
```

والحين يتبقى علينا إضافة عناصر النموذج لكن أولا يجب أن نشير إلى أن هناك نوعان رئيسية من النماذج حسب استخداماتها والنوع الأول هي النماذج النصية وتتكون من ثلاثة عناصر هي: نموذج نص من سطر واحد، نموذج كلمة السر، ونموذج نص متعدد الأسطر أما النوع الثاني فهي نماذج الخيارات وتتكون هي أيضا من ثلاث عناصر: نموذج الخيار المفرد، نموذج الخيار المتعدد ونموذج القائمة المنسدلة. وهناك نوع أخير لتحميل ملف من الجهاز. وأخيرا يوجد نوعان من الأزرار هما زر الإرسال و زر إعادة التعبئة.

16.2 النماذج النصية

16.2.1 عنصر نصي من سطر واحد

يتضح من اسم هذا العنصر أنه لا يمكن إضافة أكثر من سطر نصي داخله، وهو النموذج المستخدم في خانة إدخال البريد الإلكتروني أو اسم المستخدم في جميع المواقع التي تتطلب تسجيل دخول العضو.

نستخدم الوسم <input /> لإضافة هذا العنصر وكما أظنك لاحظت هذا، هو وسم مفرد إذا لا بد له من خاصية حتى تؤدي وظيفته. تلك الخاصية هي type التي يعني "نوع النموذج" وقيمتها في

حالتنا هذه هي text. وهناك خاصية أخرى تقوم بتحديد اسم العنصر هي name وتستخدم قيمتها
في صفحة معالجة البيانات –data.php في نموذجنا هذا– لجلب بيانات العنصر بواسطة اسمه
وينبغي أن تعلم أن اسم النموذج يكون من اختيار المصمم.

بعد إضافة خاصية النوع والاسم يصبح النموذج كما يلي:

```
<form method="post" action="data.php">
    <input type="text" name="username" />
</form>
```

النتيجة:

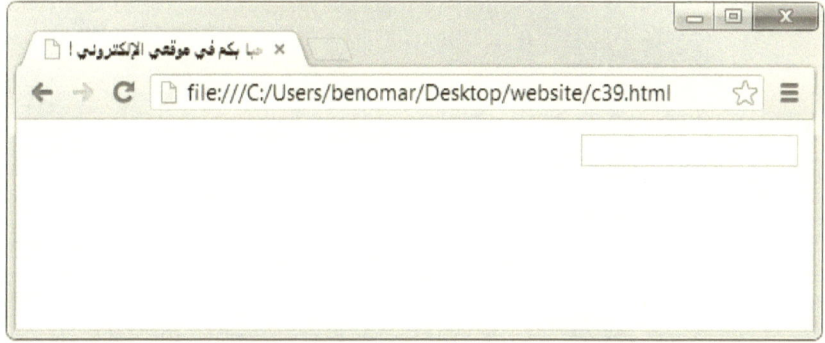

الشكل 16-1

بالطبع لن يكون من المعقول أن نترك النموذج كما هي في الشكل دون أن نخبر الزائر ما يجب إضافته
كقيمة داخل النموذج. فلو فرضنا أن العنصر في الشكل السابق هو: نموذج وضع اسم المستخدم
فسنضطر أن نكتب أمامه "اسم المستخدم".

نستخدم الوسم label لفعل ذلك حيث نضعه قبل العنصر ثم نقوم بربط العنصرين معا عن طريق
اضافة خاصية id على عنصر النموذج (أي داخل input) ثم نقوم كذلك بإضافة خاصية for على
التسمية (الوسم label) ثم نختار اسم يكون قيمة للخاصيتين id و for وهكذا نكون قد ربطنا بين
عنصر النموذج والتسمية الخاص به وعندما يقوم الزائر بالنقر على التسمية (اسم المستخدم مثلا)
ينتقل مؤشر الكتابة مباشرة إلى العنصر input التي تحمل الخاصية id ذات نفس القيمة الموجود في

الخاصية for للتسمية التي نقر عليه الزائر، ولا بأس بأن تكون قيمة الخاصيتين نفس قيمة الخاصية name في الوسم input.

```
<form method="post" action="data.php">

  <label for="username" > :اسم المستخدم </label>

  <input type="text" name="username" id="username" />
</form>
```

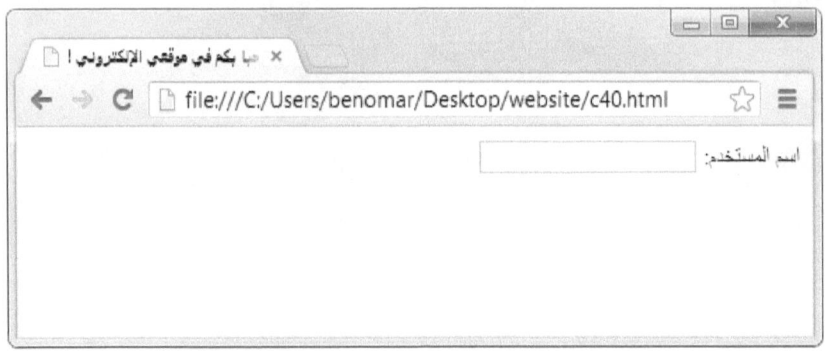

الشكل 16-2

إضافة للخصائص المذكورة سابقا هناك بعض الخصائص التي تبدوا مهما أيضا كتحديد حجم طول النموذج أو تحديد قيمة قصوى لقيمته وكذلك إعطائه قيمة افتراضية وفيما يلي شرح تلك الخصائص واستخداماتها:

size : يمكن استخدام هذه الخاصية لتحديد طول النموذج، وفي حال عدم تحديد طول النموذج فسيكون طوله الافتراضي يكون 20 بكسل.

- maxlength: تستخدم هذه الخاصية لتحديد الطول القصوى الذي يمكن للنموذج استيعابه فمثلا نموذج النص من سطر واحد يستوعب 255 رمز لكن عندما نحدد قيمة قصوى 12 رمزا "12"=maxlength فلن يقبل النموذج استيعاب أكثر من هذه الاثنتي عشرة رمز.

- value : أما هذه الخاصية فنستخدمها من لإعطاء النموذج قيمة افتراضية يظهر عند فتح الصفحة على المتصفح. نستفيد من هذه الخاصية عندما نريد أن نرسل قيمة افتراضية في

حال لم يقم الزائر بتعبئة النموذج أو عندما لا نريد إضافة تسمية للنموذج كما في بعض المواقع حيث يتم وضع قيمة افتراضية تشرح القيمة المراد إضافته داخل النموذج أو تكون بمثابة مثال عليه. والمثال التالي يوضح كيفية استخدام جميع هذه الخصائص.

```
<form method="post" action="data.php">

  <label for="username"> اسم المستخدم: </label>

  <input type="text" name="username" id="username"
size="25" maxlength="12" value="الأمين" />

</form>
```

16.2.2 نموذج كلمة السر

نموذج كلمة السر هو نفسه نموذج النص من سطر واحد سواء في شكلها أم في كيفية إضافته حيث نقوم فقط بتغيير قيمة نوع النموذج type من text إلى password وهكذا تتحول نموذج النص من سطر واحد إلى نموذج كلة سر. لتجربة هذا النموذج قم بإضافة الأوامر التالية في نهاية الوسم **input** من المثال السابق ثم قم بتجربة الملف الجديد:

```
<br />   <!--تم استخدام هذا الوسم للانتقال إلى السطر-->

<label for="pass"> كلمة السر : </label>

<input type="password" name="pass" id="pass" size="25"
maxlength="12"  />
```

سيكون نتيجة هذا المثال إضافة للأوامر في المثال السابق: ظهور النموذجان تحت بعضهما البعض (بسبب الوسم <br />)، وعند ادخال شيء في نموذج كلمة السر فإن الرموز الظاهرة ستكون مخفية وتظهر بدلا منها دوائر سوداء.

16.2.3 نموذج نصي متعدد الأسطر

يشبه نموذج النصي متعدد الأسطر ذاك النموذج الذي نستخدمه في معظم الموقع للتعليق على موضوع ما، خاصة في المنتديات.

لإضافة نموذج نصي متعدد الأسطر نستخدم الوسم المزدوج <textarea></textarea> الذي يعني (منطقة-مساحة نص)، ومن ناحية الخصائص يمكن إضافة نفس الخصائص السابقة كالخاصية name و id، لكن القيمة الافتراضية هذه المرة لا يتم إضافته في الخاصية value بل يتم إضافته مباشرة بين وسمي الافتتاح و الإغلاق.

```
<textarea>القيمة الافتراضية</textarea>
```

هناك اختلاف آخر إضافة لهذا ألا وهو كيفية تحديد حجم النموذج، ففي النماذج السابقة كنا نستخدم الخاصية size لكن الأمر يختلف مع الوسم textarea حيث يوجد طريقتان مختلفتان لتحديد لفعل ذلك:

- إما بواسطة css وعندها نستخدم width و height

- أو عن طريق خاصيتين جديدين هما rows لتحديد حجم الطول(عدد الأسطر) و cols لتحديد حجم العرض والمثال التالي يوضح ذلك.

```
<form method="post" action="data.php">

  <label for="comment">إضافة تعليق :</label><br />

<textarea name="comment" id="comment" rows="12"
cols="40">القيمة الافتراضية</textarea>

</form>
```

الشكل 16-3

ملاحظة: الخاصيتان rows و cols لا يحددان حجما محدد لإدخال قيمة النموذج كما هي الحال في maxlength بل يحددان الحجم الذي سيظهر به النموذج على المتصفح وبالتالي إذا تم إدخال نص أكبر من المحدد في تلك الخاصيتان يظهر شريط تمرير تمكن القارئ من إتمام إدخال ما يرغب به من النصوص.

16.3 نماذج الخيارات

قد نود أحيانا أن نسأل الزائر بعض المعلومات عنه لكن لو وضعنا نموذج نصي عادي فقد يكون التعبير عن تلك المعلومة مختلفة من زائر إلى آخر، فمثلا لو طلبنا من الزائر ذكر نوع جنسه فقد يأتي أحدهم ويكتب (ذكر أو أنثى) ثم يأتي آخر فيكتب (رجل أو بنت) وهكذا يكون المعنى نفسه لكن الكلمات مختلف كما أننا قد نسأل الزائر عن هواياته فيبدأ بذكر هوايات غريبة لا يرغب به الموقع لهذا نلجأ لنماذج الخيارات لتحديد خيارات المستخدم.

وقد قلنا أن نماذج الخيارات تتكون من ثلاثة أنواع هي الاختيار المفرد والمتعدد والاختيار من قائمة منسدلة وسنتحدث عنها بنفس الترتيب فيما يلي:

16.3.1 نموذج الخيار المفرد

ذكرنا في مقدمة هذا النوع من النماذج عن سؤالنا الزائر لنوع جنسه، ونحن نلاحظ في هذه المعلومة أن الزائر لا يمكن أن يكون إلا ذكرا أو أنثى ولا يمكن أن يكون ذكرا وأنثى في نفس الوقت لهذا يجب إضافة نموذج اختيار لا يسمح باختيار أكثر من خيار واحد. ذاك النموذج يجب أن يكون من النوع radio الذي يشبه تماما النموذج النصي من سطر واحد من حيث أوامر إضافته حيث نقوم فقط بتغير النوع ليصبح: ”type=”radio وبالنسبة للتسمية فهي هنا إجبارا إذ هي التي ستبين للزائر ما يختاره. وسنقوم بوضعه بعد النموذج على عكس النموذج النصي من سطر واحد الذي كنا نضع التسمية قبل النموذج.

من الممكن جعل احدى الخيارات مختارة مسبقة بمجرد فتح الصفحة، بحيث يتم ارسال هذه القيمة افتراضيا في حال لم يقم الزائر باختيار خيار آخر. الخاصية المستخدمة لفعل ذلك هي **checked** ونقوم بتكرار نفس الاسم كقيمة (checked="checked") والمثال التالي يوضح ذلك:

```
<form method="post" action="data.php">
  <label>ما هو نوع جنسك ؟</label><br />
  <input type="radio" name="sex" value="male"  id="male"
/>
  <label for="male">ذكر</label><br />
  <input type="radio" name="sex" value="female"
id="female"  />
  <label for="female">أنثى</label>
</form>
```

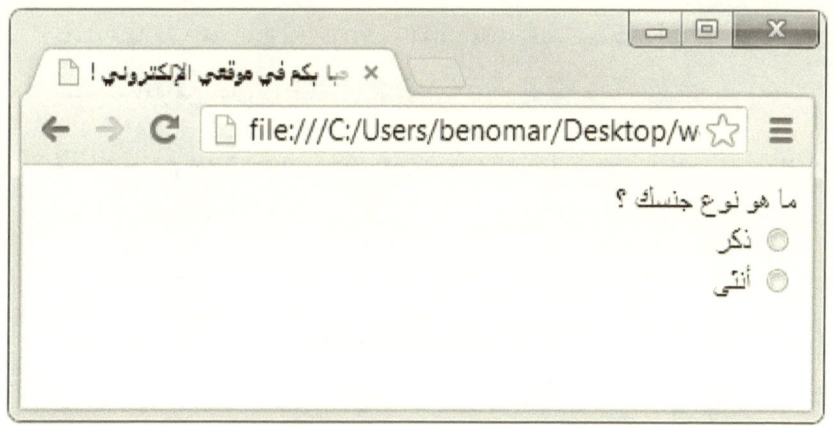

الشكل 16-4

هناك أمران مهمان يجب التنبيه إليهما في هذا المثال، الأمر الأول هو بخصوص ربط التسمية (label) بالنموذج (input) حيث أننا نستخدم label و input لكل خيار ما يعني أن قيمة الخاصيتين for و id سيكون نفسها فقط في كل خيار وليس في جميع الخيارات ولهذا نرى في هذا المثال أن القيمة الخاص بهاذين الخاصيتين في الخيار الأول هي male بينهما قيمهما في الخيار الثاني هي female. أما الأمر الثاني فهو بخصوص القيمة التي يتم ارسالها حيث أنه يجب دائما اضافة قيمة للخاصية value لتكون هي القيمة التي سيتم ارسالها إلى صفحة البرمجة أما عند عدم استخدام هذه الخاصية فالمتصفح ستقوم بإرسال القيمة « on » أي أنه تم اختيار خيار لكن أيهما ؟ المتصفح لا يعرف ذلك إلا من خلال الخاصية value ففي هذا المثال سيتم ارسال القيمة « male » إذا قام الزائر باختيار « ذكر» أو ارسال « female » في حال اختيار « أنثى».

16.3.2 نموذج الخيار المتعدد

ذكرنا مثالا عن سؤالنا الزائر لنوع جنسه في بداية الحديث عن هذا النوع من النماذج. وقد اعتمدنا على هذا المثال في شرح نموذج الاختيار المفرد، لكن في نفس الوقت ذكرنا مثالا عن سؤالنا الزائر عن هواياته وقلنا أنه لو تم الطلب من الزائر أن يضعها في نموذج نصي عادي فقد يقوم أحدهم بذكر هوايات غريبة لا يرغب به الموقع لذا من الأفضل تحديد الهوايات المرغوبة ثم السماح للزائر باختيار ما

يناسبه منها. لكن هذه المرة لن تكون كنوع الجنس فالزائر قد يكون عنده أكثر من هواية لذا يجب أن نسمح له بأكثر من خيار.

لإضافة نموذج متعدد الخيار نستخدم نفس الوسوم في المثال السابق مع تغيير قيمة خاصية النوع type إلى checkbox والخصائص الباقي كما هي بما فيها checked لجعل الخيار مختارة مسبقا (يمكن جعل أكثر من خيار مختارة مسبقا مادام نتعامل مع نموذج متعدد الخيار).

يختلف هذا النموذج عن سابقها في الخاصية name حيث يجب اعطائها قيمة مختلفة كل مرة وذلك كي نستطيع التفريق بين الخيارات التي اختاره الزائر وما لم يختره، وكذلك في الخاصية value حيث يمكننا الاستغناء عنه في هذا النموذج، وفي هذه الحالة لن يتم ارسال قيمتها بل سيتم ارسال كلمة on ما يعني أن المبرمج يستطيع فقط من التحقق من قيام الزائر باختيارها أم لا. والمثال التالي يبين كيفية اضافة هذا النوع من النماذج:

```
<form method="post" action="data.php">
  <label>ما هي هواياتك ؟</label><br />
  <input type="checkbox" name="swiming" id="swiming" />
  <label for="swiming">السباحة</label><br />
  <input type="checkbox" name="football" id="football" />
  <label for="football">كرة القدم</label><br />
  <input type="checkbox" name="reading" id="reading"
checked="checked"/>
  <label for="reading">القراءة والمطالعة</label><br />
  <input type="checkbox" name="photography"
id="photography" />
  <label for="photography">التصوير</label><br />
  <input type="checkbox" name="fishing" id="fishing" />
  <label for="fishing">الصيد البحري</label><br />
</form>
```

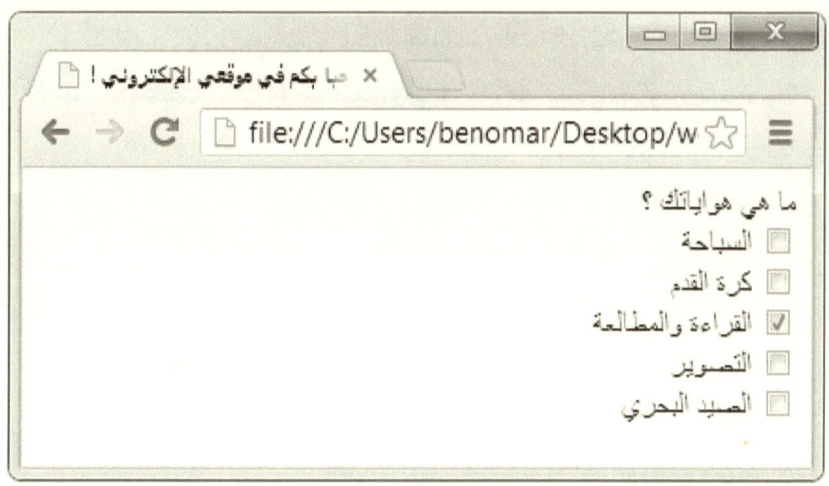

الشكل 16-5

16.3.3 نموذج القائمة المنسدلة

تعد هذا النموذج مجرد كوكتيل لنماذج الخيارات إذ يمكن السماح باختيار مفرد أو اختيار متعدد لكن العبرة منه هو أنه يقوم باختصار المساحة التي كان سيستحوذ عليها النموذج في حال كان الخيارات كثيرة جدا كما في حال إضافة نموذج: اختيار بلد الزائر. فلو أردنا أن نضيف قائمة الدول العربية في نموذج اختيار مفرد فسيستحوذ النموذج على مساحة كبيرة كفاية فما بال لو أردنا أن نضيف قائمة دول العالم كله؟ لهذا نقوم باستخدام هذا النوع من النموذج.

لإضافة نموذج قائمة منسدلة نستخدم الوسم <select></select> لتعريف النموذج ثم نضيف عناصر النموذج باستخدام الوسم <option></option> بحيث كل وسم option يمثل خيار واحد. أما بالنسبة للخصائص فنستخدم نفس الخصائص في النماذج السابقة أمثال (name و id و for ويضافان على الوسم select وليس option) إضافة للخاصية "selected="selected بدلا من الخاصية "checked="checked لجعل أحد الخيار محددة مسبقا ريثما يختار الزائر ما يناسبه.

وينبغي العلم أنه إذا تم إضافة خاصية value فقيمتها هي اليي سيرسل وليست القيمة الظاهرة على الشاشة أما إذا لم يتم وضع خاصية value فالقيمة المرسلة هي الظاهرة على الشاشة، وفي كل الأحوال

جرت العادة أن يتم وضع خاصية value يحمل نفس القيمة التي تظهر للزائر لكن في بعض الأحيان يحمل قيمة مختلف حسب حاجة المصمم. وفيما يلي مثال على نموذج اختيار من قائمة منسدلة:

```
<form method="post" action="data.php">
  <label for="country">رجاء، قم باختيار بلدك ؟</label><br />
  <select name="country" id="country">
    <option value="sa">المملكة العربية السعودية</option>
    <option value="uae">الامارات العربية المتحدة</option>
    <option value="eg">جمهورية مصر العربية</option>
    <option value="km">جمهورية القمر المتحدة</option>
  </select>
</form>
```

الشكل 16-6

تقسيم الخيارات إلى مجموعات:

من الممكن تقسيم خيارات نموذج القائمة المنسدلة إلى مجموعات مختلفة بحيث نجمع كل عدد من الخيارات في مجموعة، ونفعل ذلك لتسهيل وصول الزائر للخيار الذي يناسبه كأن نجمع دول العالم العربي في مجموعة ودول أوربا في مجموعة أخرى ودول أمريكا الجنوبية في مجموعة إلى آخره.

نستخدم الوسم <optgroup></optgroup> لفعل ذلك وينبغي أن نحرص على أن يحيط هذا الوسم خيارات كل مجموعة. كما ينبغي أيضا إعطاء كل مجموعة اسم مناسب لشرح ما يتضمنه تلك المجموعة وذلك باستخدام خاصية جديدة تسمى label قيمتها يكون اسم المجموعة. وفيما يلي تعديل المثال السابق بإضافة بلدين عربيين و بلدين أوربيين:

```
<form method="post" action="data.php">
  <label for="country">رجاء، قم باختيار بلدك؟</label><br />
  <select name="country" id="country">
    <optgroup label="الوطن العربي">
      <option value="sa">المملكة العربية السعودية</option>
      <option value="uae">الامارات العربية المتحدة</option>
    </optgroup>
    <optgroup label="أوربا">
      <option value="eg">جمهورية فرنسا</option>
      <option value="km">جمهورية إيطاليا</option>
    </optgroup>
  </select>
</form>
```

الشكل 16-7

السماح للزائر باختيار أكثر من خيار:

ذكرنا أن هذه النموذج مجرد كوكتيل عن نماذج الخيارات فهي تسمح بالاختيار المفرد وكذلك الاختيار المتعدد ورأينا كيف أن الاختيار يكون من النوع الفرد بمجرد إضافة النموذج لكن كيف نجعلها متعدد الخيار؟

قبل تحويل هذه النموذج إلى نموذج متعدد الخيار لابد من إضافة الخاصية size على الوسم select لجعل النموذج كبير بحيث يمكن رؤية أكثر من خيار بمجرد معاينة الصفحة وهي تستخدم بنفس الأسلوب المذكور في نماذج النص من سطر واحد لكن في تلك الحالة كانت تتحكم بطول النموذج أما هنا فستتحكم بالعرض(فوق لتحت).

أما الخطوة الثانية فهو إضافة الخاصية "multiple="multiple على الوسم select وهكذا يكون سمحنا للزائر باختيار أكثر من خيار، ويمكنك تجربة ذلك بنفسك.

16.4 نموذج اختيار ملف للتحميل

هناك نموذج أخير ملحق بالنماذج النصي؛ هو نموذج اختيار ملف من الجهاز استعدادا لتحميله ومعالجته من قبل احدى البرمجيات التطبيقية.

قبل إضافة نموذج من هذا النوع يجب إضافة الخاصية enctype على وسم تعريف النموذج from وبالعادة تحمل القيمة multipart/form-data. أما لإضافة النموذج فنستخدم الوسم input مع نفس خصائصه السابقة مع تغيير النوع إلى file كما يبينه المثال التالي:

```
<form method="post" action="data.php"
enctype="multipart/form-data">
  <label for="doc">رجاء قم باختيار ملف للتحميل: </label><br />
  <input type="file"  name="doc" id="doc" />
</form>
```

16.5 تقسيم النماذج إلى مجموعات

قد يكون النموذج كبيرة جدا ويحتوي على معلومات متباينة. كل مجموعة من المعلومات يمكن أن تشكل تحالف فيما بينها كالمعلومات الشخصية للزائر أو هواياته المفضلة، لذا حتى نجعل النموذج واضحا كفاية بالنسبة للزائر ولا نترك مجالا للتشتت بسبب كبر حجم النموذج نلجأ للتقسيم فنجعل كل معلومات متشابهة في مجموعة يتم إحاطتها بحدود افتراضي ويكون لها اسم يشرح تلك الفئة من المعلومات. هذا ما نقصده من هذا العنوان.

لإنشاء مجموعة داخل النموذج نقوم بوضع عناصر المجموعة داخل الوسم <fieldset></fieldset> ثم نستخدم الوسم <legend></legend> بعد fieldset لإعطاء المجموعة اسم يدل على محتواه كما يوضحها المثال التالي:

```
<form method="post" action="data.php"
enctype="multipart/form-data">
  <fieldset>
    <legend>معلوماتك الشخصية</legend>
    <label for="firstname">الاسم</label>
    <input type="text" name="firstname" id="firstname"
size="25" /> <br />
    <label for="lastname">اسم العائلة</label>
    <input type="text" name="lastname" id="lastname"
size="25"  />
  </fieldset>
```

```
  <fieldset>
    <legend>هواياتك المفضلة</legend>
    <input type="checkbox" name="swiming" id="swiming" />
    <label for="swiming">السباحة</label><br />
    <input type="checkbox" name="football" id="football"
/>
    <label for="football">كرة القدم</label><br />
    <input type="checkbox" name="reading" id="reading"
checked="checked"/>
    <label for="reading">القراءة والمطالعة</label><br />
    <input type="checkbox" name="photography"
id="photography" />
    <label for="photography">التصوير</label><br />
    <input type="checkbox" name="fishing" id="fishing" />
    <label for="fishing">الصيد البحري</label><br />
  </fieldset>
</form>
```

الشكل 16-8

16.6 الأزرار (زر الارسال و زر المسح)

إن الهدف من زر الارسال هو القيام بإرسال بيانات النموذج إلى صفحة البرمجة التي سيتم فيها معالجتها أما زر المسح – أو زر اعادة التعبئة- فهدفها مسح كامل المحتوى المدخلة في النموذج للسماح للزائر بإعادة تعبئتها من جديد.

يتم إضافة كلا الزرين بواسطة الوسم input - بنفس الأسلوب الذي تعودنا على استخدام هذا الوسم - مع تغيير قيمة النوع type إلى submit لزر الإرسال أو reset لزر إعادة التعبئة، ويمكن إضافة خاصية value للاثنين يظهر قيمتها لمخاطبة الزائر:

```
<form method="post" action="data.php"
enctype="multipart/form-data">
  <fieldset>
```

```
    <legend>رجاء قم بإدخال معلوماتك لتسجيل الدخول:  </legend>


    <label for="username">اسم المستخدم</label>

    <input type="text" name="username" id="username"
size="25" /> <br />

    <label for="pass">كلمة السر</label>

    <input type="password" name="pass" id="pass" size="25"
/><br />

    <input type="submit" value="تسجيل الدخول" />

    <input type="reset" value="اعادة التعبئة" />

  </fieldset>

</form>
```

الشكل 9-16

16.7 تنسيق النماذج

16.7.1 بعض التنسيقات

لحسن الحظ لقد تعلمنا كل ما يلزمنا لتنسيق النماذج ولا يوجد خصائص جديدة لذلك إلا ما كان من شبه الخاصية:focus الذي نستخدمه لتغيير تنسيق النموذج عندما يكون مؤشر الكتابة داخله فمثلا لو تم تطبيق:

```
input:focus {background-color:blue ;}
```

فإن كل عنصر يستخدم الوسم input سيتغير لون خلفيته للأزرق عندما يكون المؤشر داخله، وفيما يلي مثال عن تنسيق نموذج باستخدام مختلف التنسيقات التي سبق وتعلمناها حتى الآن، نطبقها على مثال الشكل 16-1 أعلاه.

```
form {
	width: 400px;
}
form fieldset {
	background-color: #eee;
	margin-bottom: 7px;
}
form fieldset legend {
	border: 1px solid #ccc;
	padding: 2px;
	font-weight: bold;
}
form fieldset input:focus {
	background-color: #ccdd99;
}
```

لقد قمنا أولا بتحديد حجم 400 بكسل للنموذج ككل ثم عمدنا إلى تغيير لون خلفية المجموعات إلى eee# مع إضافة حاشية سفلي بقيمة 7 لإبعاد المجموعتين عن بعضهما البعض. أما بالنسبة لمسميات المجموعات (legend) قمنا بإضافة حدود ثم حشو داخلي بقيمة 2 بكسل تمنع تماسك

النص بالحدود وأخيرا استخدمنا شبه الخاصية focus :input لتغيير لون نموذج النص عندما يكون المؤشر داخله.

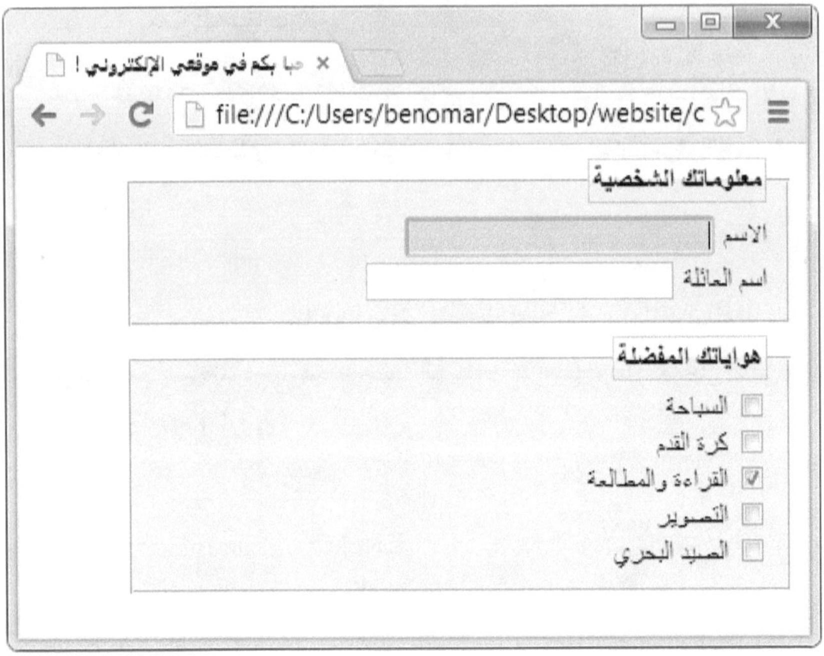

الشكل 10-16

16.7.2 ترتيب عناصر النموذج

إذا لاحظت الشكل السابق ستجد أن عناصر النموذج ليست مرتبة، وهذا بسبب اختلاف أطوال التسمية بالنسبة لكل عنصر داخل النموذج لكن يمكن حل ذلك بجعل التسميات label كلها على حجم طول أكبر مسمى (اسم العائلة في الشكل السابق). لكن بما أن label هو وسم داخلي إذا نقوم بتحويلها إلى وسم خارجي display: block.

سنستخدم نفس المثال السابق لكن أولا يجب إضافة خاصية class بقيمة موحدة لكل من مسمى "الاسم" و "اسم العائلة" وذلك لتجنب تأثير المسميات الخاص بعناصر الاختيار التي يبدوا مرتبة تماما. وبعد اضافة الخاصية class ولتكن قيمتها مثلا in-text نقوم بتطبيق التنسيقات التالية:

```
form fieldset .input-text {
```

```
display: block;
width: 90px;
}
```

الشكل 11-16

يمكننا ترك النموذج هكذا حيث يظهر المسمى فوق الخانة أما إن أردنا أن يظهرا جنبا إلا جنب يكفي أن نضيف ميل float: right في التنسيقات السابقة وهكذا سيظهر المسمى إلى جنب الخانة ويمكنك أن تجرب ذلك بنفسك.

المشروع التدريبي

تصميم موقع من الألف إلى الياء

17 دراسة المشروع التدريبي

قد وصلنا أخيرا إلى ذروة هذا الكتاب حيث سنقوم بإنشاء موقع بالكامل من الفكرة إلى النشر في انترنت. وأرى لزاما علي أن أنبهك أن عملية تصميم موقع الكتروني هي مهمة قد يتطلب مشاركة عدة أشخاص ذووا مهارات مختلفة، وفي بعض الأحيان قد تكون المهارات المطلوبة متوفرة عند شخص واحد لكن مع هذا يبقى من الضروري أن يستشير المصمم أشخاصا أخرى لا سيما إذا كان الموقع المصمم ذات أهمية قصوى.

المهارة المطلوبة أولا هي مهارة تصورية حيث يتصور صاحب هذه المهارة الشكل الذي يريد أن يظهر عليه الموقع، ثم يقوم بتصميمه باستخدام احدى برامج التصميم ك فوتوشوب Photoshop مثلا. يسمى صاحب هذه المهارة في العالم المهني: مصمم غرافيك ديزاين. أما المهارة الثاني فهو مهارة تحويل نتيجة صاحب المهارة الأولى إلى موقع عبر كتابة أوامر xhtml و Css اللازمة لذلك وهذا ما يعلمنا هذا الكتاب كيفية فعله.

والآن دعنا نتنكر بلباس المصمم: فكيف نريد أن يكون شكل موقعنا ؟

إن معظم المواقع العربية في انترنت هي موقع عامة، لذا أفضل لأسباب تعليمية بحتة أن ننشئ موقع اخباري بسيط يحتوي على رأس الصفحة مع قائمة علوية ومن ثم قائمة جانبية على اليمين وأخيرا محتوى الصفحة التي ستتشكل من عدة صناديق اخبارية كما هو في الشكل 17-1.

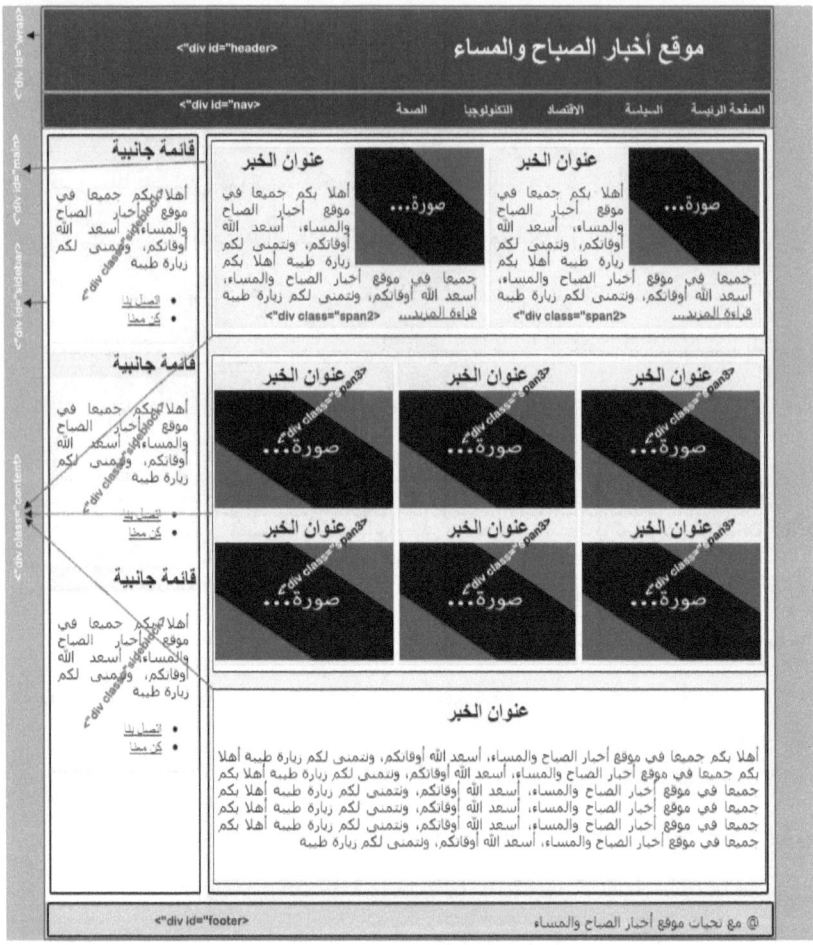

الشكل 17-2: الهدف من اختيار هذا الشكل البسيط هو تعلم أكبر عدد ممكن من الأشياء، كإنشاء قائمة علوية، قائمة جانبية، وتقسيم الصفحة إلى عدة صناديق.

18 التصميم xhtml

18.1 هيكل الصفحة

```
<!DOCTYPE html PUBLIC "-//W3C//DTD XHTML 1.0 Strict//EN"
"http://www.w3.org/TR/xhtml1/DTD/xhtml1-strict.dtd">
<html xmlns="http://www.w3.org/1999/xhtml" xml:lang="Ar"
dir="rtl">
  <head>
    <title>موقع أخبار الصباح والمساء</title>
    <meta http-equiv="Content-Type" content="text/html;
charset=windows-1256" />
    <link rel="stylesheet" media="screen" type="text/css"
title="style" href="style.css" />
  </head>
  <body>
    <div id="wrap">
      <div id="header">
            <h1>موقع أخبار الصباح والمساء</h1>
      </div>
      <div id="nav">
        <ul>
          <li><a href="#">الصفحة الرئيسة</a></li>
               <li><a href="#">السياسة</a></li>
          <li><a href="#">الاقتصاد</a></li>
          <li><a href="#">التكنولوجيا</a></li>
          <li><a href="#">الصحة</a></li>
        </ul>
      </div>
```

```
        <div class="clear"></div>
        <div id="main">
                <!--محتوى الصفحة-->
        </div>
        <div id="sidebar">
                <!--القائمة الجانبية-->
        </div>
        <div id="footer">
          <p>@ مع تحيات موقع أخبار الصباح والمساء</p>
        </div>
      </div>
   </body>
</html>
```

تذكر أني أخبرتك في بداية هذا الكتاب أن صفحة الويب ما هي إلا سلسلة من أوامر لغة xhtml يتم إضافتها تحت بعضها البعض، لذا سنتجاهل الشكل في هذه المرحلة ونهتم فقط بترتيب العناصر كما أوردناها في الشكل السابق 18-1 .

1. أولا لدينا الوسم div الذي يحوي كامل الصفحة ويسمى (id= 'wrap')
   1. ومن ثم لدينا وسم رأس الصفحة الذي سميناه (id= 'header')
      i. بداخله عنوان الموقع وهو وسم عنوان من الدرجة الأولى h1
   2. يلي رأس الصفحة القائمة العلوية المسمى (id= 'nav')
      i. بداخله قائمة غير مرتبة، قيم عناصرها هي ارتباطات تمثل عناصر القائمة العلوية
   3. لدينا بعد القائمة العلوية، محتوى الصفحة المسمى (id= 'main')
   4. يليها القائمة الجانبية (id= 'sidebar')
   5. وأخيرا لدينا ذيل الصفحة و يحتوي على جملة واحدة فقط p.

بهذه الأوامر البسيطة نكون قد انتهينا من رأس الصفحة والقائمة العلوية وذيل الصفحة وهكذا يبقى لنا المحتوى والقائمة الجانبية وأرى أن نبدأ بهذا الأخير لسهولتها ثم ننهي بالمحتوى.

القائمة الجانبية:

الهدف من الوسم sidebar السابق ذكره هو تخصيص مساحة القائمة الجانبية في اليمين، أما المحتوى فيجب أن نقوم بتحديده كما يلي:

1. أولا نقوم بتحديد وسم div ذات القيمة (id= 'sideblock') يحتوي داخله على:
   a. عنوان من الدرجة الثانية تمثل عنوان البلوك
   b. فقرة نص عادي p
   c. وأخيرا قائمة غير مرقم تحوي عدة ارتباطات.

وكما هو واضح في الشكل 17-1 السابق فإن القائمة الجانبية تتشكل من ثلاث صناديق تحوي القيم نفسها إذا نقوم بتكرار مجموعة هذه الأوامر ثلاث مرات.

18.2 هيكل المحتوى

كما سبق وبينا هدف الوسم sidebar فإن هدف الوسم main هو تحديد مساحة المحتوى. ونلاحظ في الشكل 17-1 أن داخل الوسم div المسمى main ثلاث صناديق بيض متشابهة وان اختلفت محتوى كل واحد منها عن محتوى الأخرى. نقوم إذا بإضافة ثلاث وسوم div تحت بعضهما البعض يحملن المسمى (class= 'content').

1. الوسم div الأول يحتوى على خبرين بجانب بعضهما البعض إذا نقوم بإضافة الآتي:
   a. ننشئ وسمين div بمسمى (class= 'span2') بداخل كل وسم منها
      i. صورة img
      ii. عنوان من الدرجة الثانية h2 على شكل ارتباط

iii.   فقرة نص ينتهي بارتباط a (قراءة المزيد...) مضاف داخل وسم
span

2.   الوسم الثاني div يحتوي على ست أخبار ثلاث بجانب بعضهما البعض والكل تحت
الثلاثة الأخرى لذا نقوم بالآتي:

a.   ننشئ ستة وسوم div بمسمى span3 «class=» بداخل كل وسم منها

i.   عنوان من الدرجة الثانية h2 على شكل ارتباط

ii.   صورة img

3.   وأخيرا الوسم الثالث div يحتوي على عنوان وفقرة النص إذا نضيف داخلها الآتي:

a.   عنوان من الدرجة الثانية h2

b.   فقرة نص p

ويكون شفرة هذا القسم كما يلي:

```html
<div class="content">
  <div class="span2">
    <img src="images/exp.png" />
    <h2><a href="#">عنوان الخبر</a></h2>

    <p>نص الخبر
      <span>
        <a href="#">قراءة المزيد...</a>
      </span>
    </p>
  </div>
  <div class="span2">
    <img src="images/exp.png" />
            <h2><a href="#">عنوان الخبر</a></h2>

    <p>نص الخبر
```

```
      <span>
        <a href="#">قراءة المزيد...</a>
      </span>
    </p>
  </div>
</div>
<div class="content">
  <div class="span3">
    <h2><a href="#">عنوان الخبر</a></h2>
    <img src="images/exp.png" />
  </div>
  <div class="span3">
    <h2><a href="#">عنوان الخبر</a></h2>
    <img src="images/exp.png" />
  </div>
  <div class="span3">
    <h2><a href="#">عنوان الخبر</a></h2>
    <img src="images/exp.png" />
  </div>
  <div class="span3">
    <h2><a href="#">عنوان الخبر</a></h2>
    <img src="images/exp.png" />
  </div>
  <div class="span3">
    <h2><a href="#">عنوان الخبر</a></h2>
    <img src="images/exp.png" />
  </div>
  <div class="span3">
    <h2><a href="#">عنوان الخبر</a></h2>
    <img src="images/exp.png" />
  </div>
```

```
</div>
<div class="content">
  <h2><a href="#">عنوان الخبر</a></h2>

  <p>نص الخبر
  </p>
</div>
```

وهكذا نكون قد انتهينا من تصميم الصفحة بالنسبة لجانب xhtml ويكون النتيجة كما يلي:

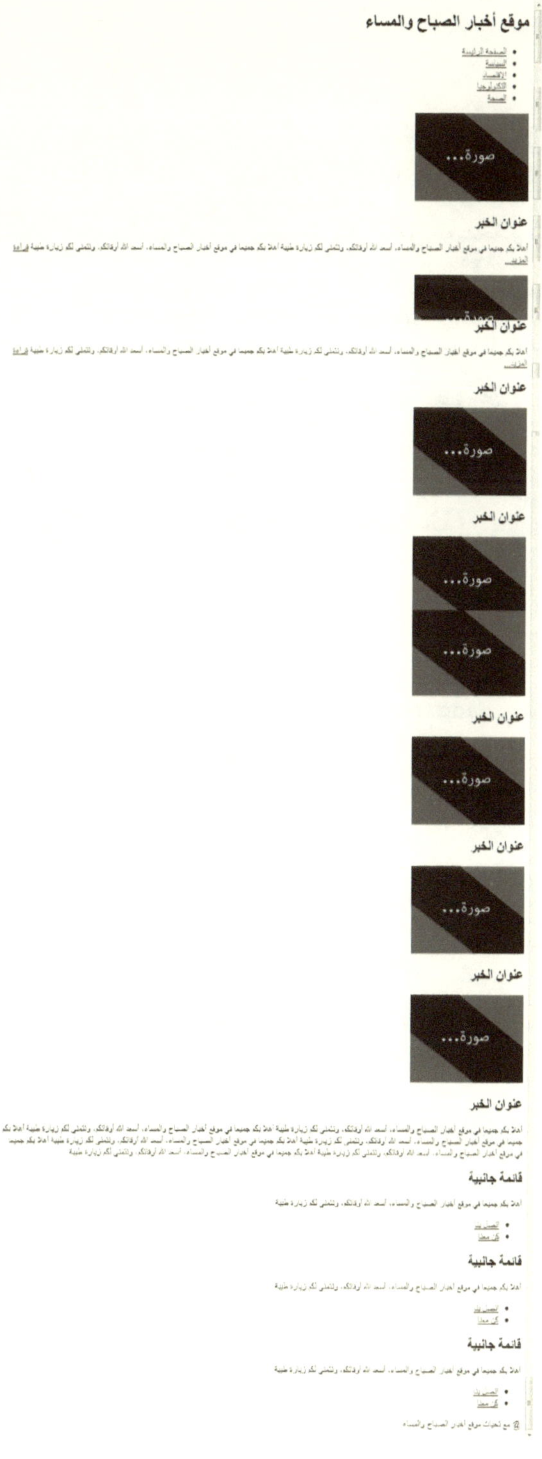

موقع أخبار الصباح والمساء

- الصفحة الرئيسية
- السياسة
- الاقتصاد
- الكاريكاتير
- الصحة

صورة...

عنوان الخبر

أهلا بك جميعا في موقع أخبار الصباح والمساء، أسعد الله أوقاتك، ونتمنى لك زيارة مفيدة أهلا بك جميعا في موقع أخبار الصباح والمساء، أسعد الله أوقاتك، ونتمنى لك زيارة مفيدة اقرأ المزيد

عنوان الخبر

أهلا بك جميعا في موقع أخبار الصباح والمساء، أسعد الله أوقاتك، ونتمنى لك زيارة مفيدة أهلا بك جميعا في موقع أخبار الصباح والمساء، أسعد الله أوقاتك، ونتمنى لك زيارة مفيدة اقرأ المزيد

عنوان الخبر

صورة...

عنوان الخبر

صورة...

صورة...

عنوان الخبر

صورة...

عنوان الخبر

صورة...

عنوان الخبر

صورة...

عنوان الخبر

أهلا بك جميعا في موقع أخبار الصباح والمساء، أسعد الله أوقاتك، ونتمنى لك زيارة مفيدة أهلا بك جميعا في موقع أخبار الصباح والمساء، أسعد الله أوقاتك، ونتمنى لك زيارة مفيدة أهلا بك جميعا في موقع أخبار الصباح والمساء، أسعد الله أوقاتك، ونتمنى لك زيارة مفيدة أهلا بك جميعا في موقع أخبار الصباح والمساء، أسعد الله أوقاتك، ونتمنى لك زيارة مفيدة

قائمة جانبية

أهلا بك جميعا في موقع أخبار الصباح والمساء، أسعد الله أوقاتك، ونتمنى لك زيارة مفيدة

- تصميم
- كن معنا

قائمة جانبية

أهلا بك جميعا في موقع أخبار الصباح والمساء، أسعد الله أوقاتك، ونتمنى لك زيارة مفيدة

- تصميم
- كن معنا

قائمة جانبية

أهلا بك جميعا في موقع أخبار الصباح والمساء، أسعد الله أوقاتك، ونتمنى لك زيارة مفيدة

- تصميم
- كن معنا

مع تحيات موقع أخبار الصباح والمساء

19 الديكور CSS

لسهولة الشرح والفهم معا، سنقوم بتنسيق الموقع على مراحل تماما كما فعلنا عند كتابة الهيكل بلغة xhtml، مما يعني أننا سنبدأ بإضافة التنسيقات العامة، نتبعها تنسيقات رأس الصفحة و القائمة العلوية، نقوم بعدها بتحديد تنسيقات مساحة جسم الصفحة دون التعرض للمحتوى، ومن ثم نقوم بتحديد تنسيقات مساحة القائمة الجانبية دون التعرض لمحتواها، وأخيرا نقوم بتنسيق ذيل الصفحة. وبعد أن ننتهي من كل هذا سنعود لتنسيق محتوى القائمة الجانبية ومن ثم تنسيق محتوى جسم الصفحة.

19.1 التنسيقات العامة

```
body, html {
       margin: 0;
       padding: 0;
       background: #a7a09a;
       text-align: justify;
       font-family: Arial, tahoma, sans-serif;
}
#wrap {
       width: 90%;
       margin: 0 auto;
       background-color: #FFF;
}
```

نقوم بتحديد التنسيقات العامة على الوسم body و html معا وهي إزالة الحاشية الخارجية والداخلية لجميع عناصر الصفحة. تغيير لون الخلفية إلى #a7a09a. ضبط النص مع استبدال الخط الافتراضي إلى Aril.

الـ wrap# id تحيط بكامل الصفحة لذا نستخدمه لتحديد حجم الصفحة (90٪ من الحجم الكامل للشاشة)، وعبر تحديد الحاشية الخارجية أوتوماتيكي يتم توسيط الموقع وأخيرا نغير لون الخلفية إلى اللون الأبيض FFF#، ونحصل على النتيجة في الشكل 19-1.

الشكل 19-1

19.2 تنسيق رأس الصفحة

```css
#header {
     background: #27282C;
}
#header h1 {
     padding: 30px 80px;
     margin : 0 ;
     color: #FFF;
}
```

بالنسبة لرأس الصفحة نفسه نقوم بتغيير لون الخلفية فحسب، أما بالنسبة لعنوان الموقع فنضيف حشو داخلي بقيمة 30 بكسل للأعلى والأسفل و80 بكسل لليمين واليسار، بينما نجعل الحاشية الخارجية صفر لضمان التصاق رأس الصفحة بأعلى المتصفح وكذلك التصاقها بالقائمة العلوية. ومن ثم نقوم بتغيير لون العنوان إلى الأبيض. ويرجى العلم أن الحشو المضاف (30 بكسل) هو الذي يحدد طول رأس الصفحة كما هو في الشكل 19-2، أما القيمة 80 بكسل فتتحكم بموضع العنوان حسب العرض.

الشكل 19-2

19.3 تنسيق القائمة العلوية

```
#nav {
     height: 40px;
     background: #1f2025;
}
#nav ul {
     margin: 0;
     padding: 0;
     list-style: none;
}
#nav li {
     float: right;
}
#nav li  a {
     display: block;
     padding: 10px 8px;
```

```css
    min-width: 70px;
    text-align: center;
    text-decoration: none;
    font-weight: bold;
    color: #eaeaea;
}
#nav li  a:hover {
    background: #e5e4e2;
    color: #000;
}
```

في البداية نقوم بتحديد طول القائمة (40 بكسل) ومن ثم نضيف لونا للخلفية. وبالنسبة للقائمة غير المرقمة ul نقوم فقط بإزالة الحاشية الخارجية والحشو الداخلي وكذلك معرف القائمة، ومن ثم نأتي للعناصر li فنقوم بإمالتها نحو اليمين كي تظهر جانب بعضها البعض. نأتي بعدها إلى الارتباطات a فنحولها جميعا من وسوم داخلية إلى وسوم خارجية ثم نضيف حشو داخلي (10 بكسل أعلى- أسفل و 8 بكسل يمين-يسار) وبعدها نقوم بإضافة حد أدنى للعرض وباعتبار هذا نقوم بتوسيط النص. ثم نقوم بإزالة التسطير الافتراضي للارتباط ونجعل النص غامضا كما ونضيف لونا مناسبا، وأخيرا نستبدل لون الخلفية وكذا لون النص عندما يكون المؤشر فوقها لإعطائها جمالا. ونحصل على النتيجة في الشكل 19-3.

الشكل 19-3

19.4 تنسيق المحتوى

```css
#main {
    display: inline-block;
```

```
    width: 76%;
    padding: 1%;
    text-align: center;
    background-color: #F1F2F2;
}
```

لقد تعلمنا حتى الآن أن الخاصية display لها قيمتان الأولى block لتحويل وسم داخلي إلى
خارجي والثانية inline لتحويل وسم خارجي إلى داخلي أما القيمة المذكورة هنا (inline-block)
فلم يسبق الحديث عنها والسبب هو أن هذه قيمة جديدة خاصة بالنسخة الثالثة لهذه اللغة css 3
ويستخدم هذه القيمة لإظهار أي عنصر كصندوق لكن دون العودة إلى السطر. بمعنى آخر يستخدم
لإظهار صندوقين جانب بعضهما البعض وبهذا يشبه خاصية الامالة float التي كنا نستخدمها حتى
الآن لإمالة العناصر كي نتمكن من اظهار صندوقين في سطر واحد.

بعد تحديد حجم مساحة محتوى الصندوق بـ 76٪ نضيف حاشية 1٪ لمنع تلاصق المحتوى بالعناصر
الأخرى ثم نقوم بتوسيط النص لا لهدف توسيط النص نفسها لكن لتوسيط الصناديق التي يتكون
منها محتوى الصفحة حيث أن الخاصية text-align تقوم بتوسيط جميع ما بداخل الوسم الذي تم
التطبيق عليه سواء نص أو عناصر أخرى.

وأخيرا نقوم بتحديد لون الخلفية، والتي لها أثر كبير في تصميم الصفحة حيث أنه يمثل لون القسم
الأيمن بينها لون القائمة الجانبية سيكون هي اللون المضاف على الوسم المحيط بكامل الصفحة أي
wrap#. وهنا أجدني مضطرا أن أشرح لك معنى هذا القول مستعينا بالشكل التالي:

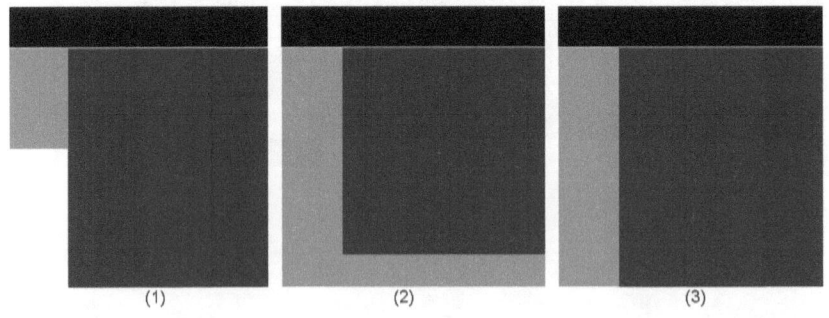

الشكل 4-19

تتكون هذه الأشكال الثلاثة من رأس الصفحة وجسمها في اليمين وقائمة جانبية في اليسار، لكن يختلف كيفية تصميم الشكل الأول عن تصميم الشكلين الثاني والثالث أما هذين الأخيرين فلا يختلفان في كيفية تصميمهما لكن قد يظهران مختلفين حسب محتوى الجسم والقائمة الجانبية.

لتصميم الشكل الأول سنحتاج إلى ثلاثة وسوم div واحد لرأس الصفحة وأخر لجسمها وأخيرا واحد للقائمة الجانبية كما يلي:

```
<div id="header"></div>
<div id="main"></div>
<div id="sidebar"></div>
```

بعد تنسيق هذه الأوامر عن طريق لغة css يمكننا الوصول إلى الشكل رقم 1 حيث سيتوقف لون خلفية القائمة الجانبية باعتبار محتواها وهكذا إذا كان محتوى الـ main أكبر من محتوى القائمة الجانبية سنحصل على نتيجة الشكل رقم1.

والآن بالنسبة للشكلين رقم 2 و 3 سنحتاج إلى أربعة وسوم div واحد للرأس وثان يحيط بالجسم والقائمة الجانبية معا ويكون بداخلها وسم للمحتوى ووسم للقائمة كما يلي:

```
<div id="header"></div>
<div id="wrap">
  <div id="main"></div>
  <div id="sidebar"></div>
</div>
```

باستخدام هذا التصميم نقوم بإضافة لون خلفية القائمة الجانبية على الوسم المحيط بالمحتوى والقائمة معا (أي wrap) ومن ثم نحدد لون خلفية وسم المحتوى (main) أما وسم القائمة (sidebar) فلا نضيف له أي خلفية أو نكرر نفس الخلفية المضاف على الوسم wrap. وهكذا نحصل على الشكل رقم 3 حيث يكون طول القائمة الجانبية على قدر طول المحتوى وهذا هو المطلوب أما في حال كون محتوى القائمة الجانبية أكبر من المحتوى نفسها فنحصل على الشكل 2 وهذا هو عيب هذه الطريقة لكن بما أن الغالب هو أن يكون المحتوى أطول من القائمة لا بأس إذا من استخدام هذه الطريقة. وهذا هو الطريقة المستخدمة في هذا التصميم.

19.5 تنسيق القائمة الجانبية

```
#sidebar {
	display: inline-block;
	vertical-align: top;
	width: 21%;
}
```

بما أننا نريد أن يظهر القائمة الجانبية إلى جانب قسم المحتوى فإنه لا بد أن نضيف له أيضا الخاصية display مع نفس القيمة inline-block لكن قبل أن يشكل عليك الأمر لابد أن أبين لك أننا قلنا أن استخدام الخاصية display مع القيمة inline-block تشبه في عملها الخاصية float التي نستخدمها لإظهار صندوقين إلى جانب بعضهما البعض عن طريق تحديد جهة ظهور الصندوق الأول إذا ماكنت اليمين (right) أو اليسار (left) وكذا مع الصندوق الثاني. إذا عندما نقوم باستخدام القيمة inline-block فكيف يتم تحديد جهة ظهور الصندوق ؟ الجواب سهل جدا؛ يحدد ذلك جهة الصفحة، حيث يظهر الوسم الأول في الجهة التي تبدأ منها الصفحة والوسم الثاني يظهر في الجهة التي تنتهي إليها الصفحة. و بما أن صفحتنا تبدأ من اليمين إلى اليسار، فالوسم الأول ذات الاسم main# سيظهر في اليمين بينما الوسم الثاني sidebar# سيظهر في اليسار مما يعني أننا لو أردنا أن يظهرا بالعكس أي أن يظهر main# في اليسار و sidebar# في اليمين فنضطر إلى تعديل ملف xhtml لإضافة الأوامر الخاص بالـ sidebar# قبل أوامر الـ main#.

والآن لنعد أدراجنا، ونلاحظ أيضا الخاصية vertical-align التي لم نستخدمها حتى الآن إلى مع الجداول للتحكم بموضع محتوى الخلايا أفقيا. إن هذه الخاصية تعمل هنا بنفس هذا الأسلوب حيث أننا عندما نظهر صندوقين أمام بعضهما البعض باستخدام inline-block فإنه عندما يكون محتى احدى الصندوقين أقل من الأخرى يتم اظهار الصندوق ذات المحتوى الأقل على السطر تماما كما لو أنها خلية جدول لذا يمكننا استخدام vertical-align مع القيمة top لإظهارها في الأعلى وهكذا نحصل على نتيجة مشابه لـ float لكن أحسن منها.

في النهاية وكي يتم ظهور القائمة الجانبية على يمين المحتوى فلا بد أن نحدد له الحجم المناسب وهنا 21٪ بما أن قسم المحتوى أخذت 76٪ و الـ 3٪ الباقية للحواشي.

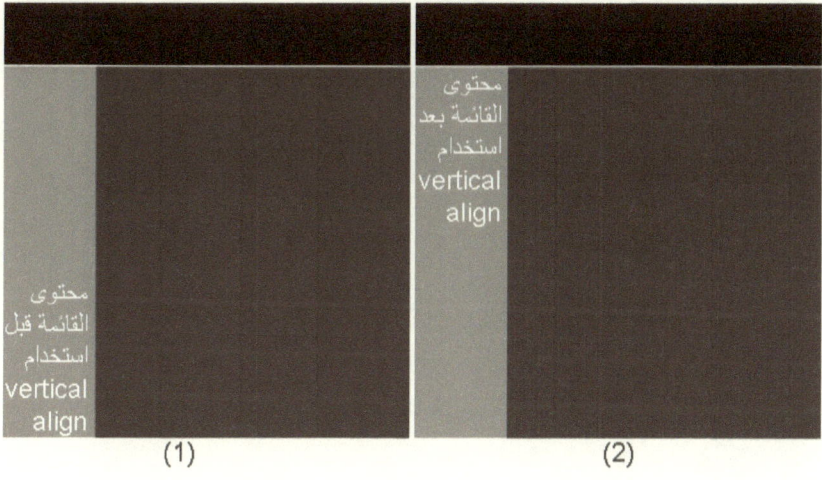

الشكل 5-19

19.6 تنسيق محتوى القائمة

```
#sidebar .sideblock {
	background-color: #FFF;
	border: 1px solid rgb(236, 236, 236);
	margin-top: 10px;
}
#sidebar .sideblock h2 {
	background-color: rgb(241, 242, 242);
	margin: 0;
	padding: 5px;
}
```

أول ما نقوم به هو تنسيق بلوك القائمة عن طريق تحديد لون الخلفية، ثم إضافة حدود للصندوق مع إضافة حاشية خارجي لترك مسافة 10 بكسل بين البلوكات. نقوم بعدها بتنسيق وسم العنوان h2 الذي يعتبر كعنوان للبلوك حيث نضيف له لون خلفية ونزيل الحاشية الخارجية كي تلتصق بالبلوك وتشكل معه بلوك واحد وأخيرا نضيف حشو داخلي لإبعاد العنوان عن حدود الصندوق أما باقي العناصر (الفقرة والارتباطات نتركها على تنسيقها الافتراضي) وهكذا نحصل على النتيجة التالية.

الشكل 19-6

19.7 تنسيق ذيل الصفحة

```
#footer {
	padding: 15px;
	background: #cc9;
}
#footer p {
	margin: 0;
}
```

قد جرى العادة على إضافة بعض المعلومات في ذيل الصفحة، لكن سنكتفي هنا بإضافة عبارة واحدة فقط، لهذا ترى أن تنسيق الذيل بسيط جدا؛ وهو عبارة عن حشو داخلي مع خلفية لون ومن ثم إزالة الحاشية الخارجية الخاصة بالفقرة p.

19.8 تنسيق محتوى الصفحة

بعد أن انتهينا الآن من تنسيق الصفحة بشكل عام نعود الآن لتنسيق محتوى الصفحة، وسنقوم في البداية بتنسيق الوسم المسمى content والذي يعمل كخلفية أولي لبلوك المعلومات كما سبق ورأينا ذلك في الشكل 17-1.

```
#main .content {
	width: 100%;
	margin-bottom: 15px;
```

```
        background: #FFF;
        border: 1px solid rgb(230, 230, 230);
        padding: 10px 0;
}
```

نقوم أولا بتحديد الحجم 100٪ ثم نحدد لون الخلفية الذي يعد السبب الرئيسي لاستخدامنا لهذا الوسم، نقوم بعدها بإضافة حاشية خارجية في الأسفل من أجل الفصل بين البلوكات، ومن ثم نضيف لها حدود بقيمة 1 بكسل ونختم هذه التنسيقات بإضافة مساحة حشو داخلي بقيمة 10 بكسل للأعلى والأسفل وصفر للجهات الأخرى.

تنسيق البلوك span2 و span3:

```
#main .span2 {
        width: 48.4%;
}
#main .span3 {
        width: 32%;
}
#main .span2, .span3 {
        display: inline-block;
        background-color: rgb(241, 242, 242);
        border: 1px solid rgb(230, 230, 230);
        margin: 0.1%;
        vertical-align: top;
}
```

نستخدم البلوك المسمى .span2 لعرض بلوكتين جانب بعضها البعض، لذا نقوم بتحديد حجمها 48,4٪ وبها أننا نستخدم وسمين مباشرة في ملف xhtml فستقوم هذين الوسمين بتقسيم المساحة المتوفرة بينهما كل بلوك يحصل على 48,4٪ فتكون مجموع الاثنين 96,8٪ أما الـ 3,2 الباقي فنتركه للحاشية الخارجية وهي 0,1٪ لكل الجوانب. وإذا انتقلنا الآن إلى البلوك المسمى .span3 فنستخدمه لعرض ست بلوكات، ثلاث جانب بعضها البعض وثلاثة أخرى أسفلها، لذا نحدد الحجم 32٪ فتأخذ البلوكات الثلاثة الأولى ما مجموعه 90٪ فتضطر الثلاثة الأخرى إلى الظهور أسفلها.

بعد أن قمنا بتحديد الأحجام نقوم أخيرا بتحويل البلوكات إلى inline-block وبهذا يظهرن جانب بعضها البعض. وأخيرا هناك الخاصية vertical-align التي استخدمناها لعرض البلوك في الأعلى لنفس السبب الذي شرحناه أثناء استخدامنا لهذه الخاصية لأول مرة عند تنسيق القائمة الجانبية.

التنسيقات الأخيرة:

```
#main .span2 img {
      width: 150px;
      height: 130px;
      float: right;
      padding-left: 5px;
}
#main .span3 img {
      width: 100%;
      height: 130px;
}
#main .span2 h2, .span3 h2 {
      margin: 2px 0;
}
#main .span2 p {
      margin: 0;
      text-align: justify;
}
```

نقوم بتنسيق الصور داخل البلوكات حيث نجعل طول الصور في جميع البلوكات 130 بكسل بينما بالنسبة للعرض نجعل عرض الصور داخل البلوك span2 150 بكسل وفي داخل البلوك span3 نجعلها 100٪ ومن ثم نميل الصور داخل span2 مع اضافة حشو في اليسار لمنع التصاق النص بالصور وأخيرا نضيف حاشية 2 بكسل لعناوين كلا البلوكين بينما نزيل حاشية النص في البلوك span2 كما نقوم بضبط النص.

في النهاية يكون تنسيقات الصفحة كاملة كما يلي:

```
body, html {
      margin: 0;
      padding: 0;
```

```css
        background-color: #a7a09a;
        text-align: justify;
        font-family: Arial, tahoma, sans-serif;
}
#wrap {
        width: 90%;
        margin: 0 auto;
        background-color: #FFF;
}
#header {
        background: #27282C;
}
#header h1 {
        padding: 30px 80px;
        margin: 0;
        color: #FFF;
}
#nav {
        height: 40px;
        background: #1f2025;
}
#nav ul {
        margin: 0;
        padding: 0;
        list-style: none;
}
#nav li {
        float: right;
}
#nav li  a {
        display: block;
        padding: 10px 8px;
        min-width: 70px;
        text-align: center;
        text-decoration: none;
```

```css
        font-weight: bold;
        color: #eaeaea;
}
#nav li  a:hover {
        background: #e5e4e2;
        color: #000;
}
#main {
        display: inline-block;
        width: 76%;
        padding: 1%;
        text-align: center;
        background-color: #F1F2F2;
}
#main .content {
        width: 100%;
        margin-bottom: 15px;
        background: #FFF;
        border: 1px solid rgb(230, 230, 230);
        padding: 10px 0;
}
#main .span2 {
        width: 48.4%;
}
#main .span3 {
        width: 32%;
}
#main .span2, .span3 {
        display: inline-block;
        background-color: rgb(241, 242, 242);
        border: 1px solid rgb(230, 230, 230);
        margin: 0.1%;
        vertical-align: top;
}
#main .span2 img {
```

```css
        width: 150px;
        height: 130px;
        float: right;
        padding-left: 5px;
}
#main .span3 img {
        width: 100%;
        height: 130px;
}
#main .span2 h2, .span3 h2 {
        margin: 2px 0;
}
#main .span2 p {
        margin: 0;
        text-align: justify;
}
#sidebar {
        display: inline-block;
        vertical-align: top;
        width: 21%;
}
#sidebar .sideblock {
        background-color: #FFF;
        border: 1px solid rgb(236, 236, 236);
        margin-top: 10px;
}
#sidebar .sideblock h2 {
        background-color: rgb(241, 242, 242);
        margin: 0;
        padding: 5px;
}
#footer {
        padding: 15px;
        background: #cc9;
}
```

```
#footer p {
    margin: 0;
}
```

19.9 توافق الموقع مع متصفحات الويب

يكون نتيجة الموقع كما في الشكل التالي (19-7) في كل من متصفح فيرفكس، جوجل كروم، أوبرا وكذلك في النسخة 9 لمتصفح انترنت اكسبلورر أما في النسخات 6 و 7 فتظهر النتيجة مختلفة جدا كما في الشكل (19-8).

الشكل 19-7: الشكل النهائي للموقع كما يظهر في معظم المتصفحات

الشكل 19-8: نتيجة الموقع في متصفح انترنت اكسبلورر 7

إن ظهور الموقع بهذا الشكل في النسخات الأقل من التسعة في متصفح انترنت اكسبلورر يعود إلى التأخر المعتاد لدى ميكروسوفت في دعم متصفحته لآخر تقنيات لغة CSS. وفي هذه المشكلة بالذات يعود إلى سوء تعامل المتصفحات ما قبل النسخة 9 مع القيمة inline-block الخاص بالخاصية display حيث أنه لا يعمل إلا مع الوسوم الداخلي أي تلك التي يكون قيمة ظهورها الافتراضي inline.

لحل هذه المشلكة نقوم بتحويل جميع الوسوم التي حددنا قيمة ظهورها inline-block إلى inline قبل أن نقوم مرة أخرى بتحويلها إلى inline-block. وخلاصة الفكرة هي أننا نقنع المتصفح أن هذه الوسوم هي وسوم داخلية (inline) بشكل افتراضي مما يسمح لها بقبول القيمة inline-block.

كي نستطيع اقناع المتصفح فإننا نقوم بإنشاء ملف استايل جديدة ثم نعمد إلى الوسوم التي حددنا لها قيم inline-block في الاستايل الأصلي فنحدد لها قيمة inline ولضمان الحصول على الحجم الفعلي للوسوم نحدد قيمة الزوم 1 (zoom).[1]

وأخيرا نقوم باستدعاء هذا الاستايل الجديد في ملف xhtml عن طريق التعليقات المشروطة؛ وهو تعليق نضع بداخله أوامر يتم تطبيقها إذا تحققت شرط ما، كما يلي:

```
<!--[if lte IE 7]>
    <link rel="stylesheet" href="style_ie.css" />
<![endif]-->
```

يعني هذا التعليق المشروط أن المتصفح سيقوم باستدعاء ملف الاستايل المسمى style_ie.css فقط عندما يكون المتصفح هو IE 7 أي internet explorer 7 (انترنت اكسبلورر 7).

أما محتوى ملف الاستايل فهو كما يلي:

```
#main, #sidebar, #main .span2, #main .span3{
    display: inline;
    zoom: 1;
}
```

كما تعلم هناك خمس وسوم أو بالأحرى مسميات وسوم هي التي تم تطبيق قيمة inline-block عليها و هي قسم المحتوى و القائمة الجانبية (main# و sidebar#) ووسم عرض الخبرين جانب بعضهما البعض (span2.) وأخيرا وسم عرض الثلاثة أخبار جانب بعضها البعض (span3.).

بعد تطبيق هذه التنسيقات واستدعاء الملف إلى داخل index.html فسيظهر الموقع تماما كما يظهر لدى المتصفحات الأخرى ونكون بهذا حلينا مشكلة عدم توافق الموقع مع المتصفحات القديمة الخاصة بمايكروسوفت.

---

[1] الـ zoom هي خاصية CSS تحدد حجم البلوك فعندما يكون قيمة الـ zoom يساوي 1 نحصل على الحجم الفعلي للبلوك وعندما يكون 0,5 نحصل على بلوك ذات حجم أقل من الحجم الأصلي بمقدار 50٪.

الفهرس

شكرا...